發現大絲路

小主播廖科溢的大冒險

珍惜在絲路踏上的每一步
那是廖科溢乘載最多夢想、
最多心力的所在

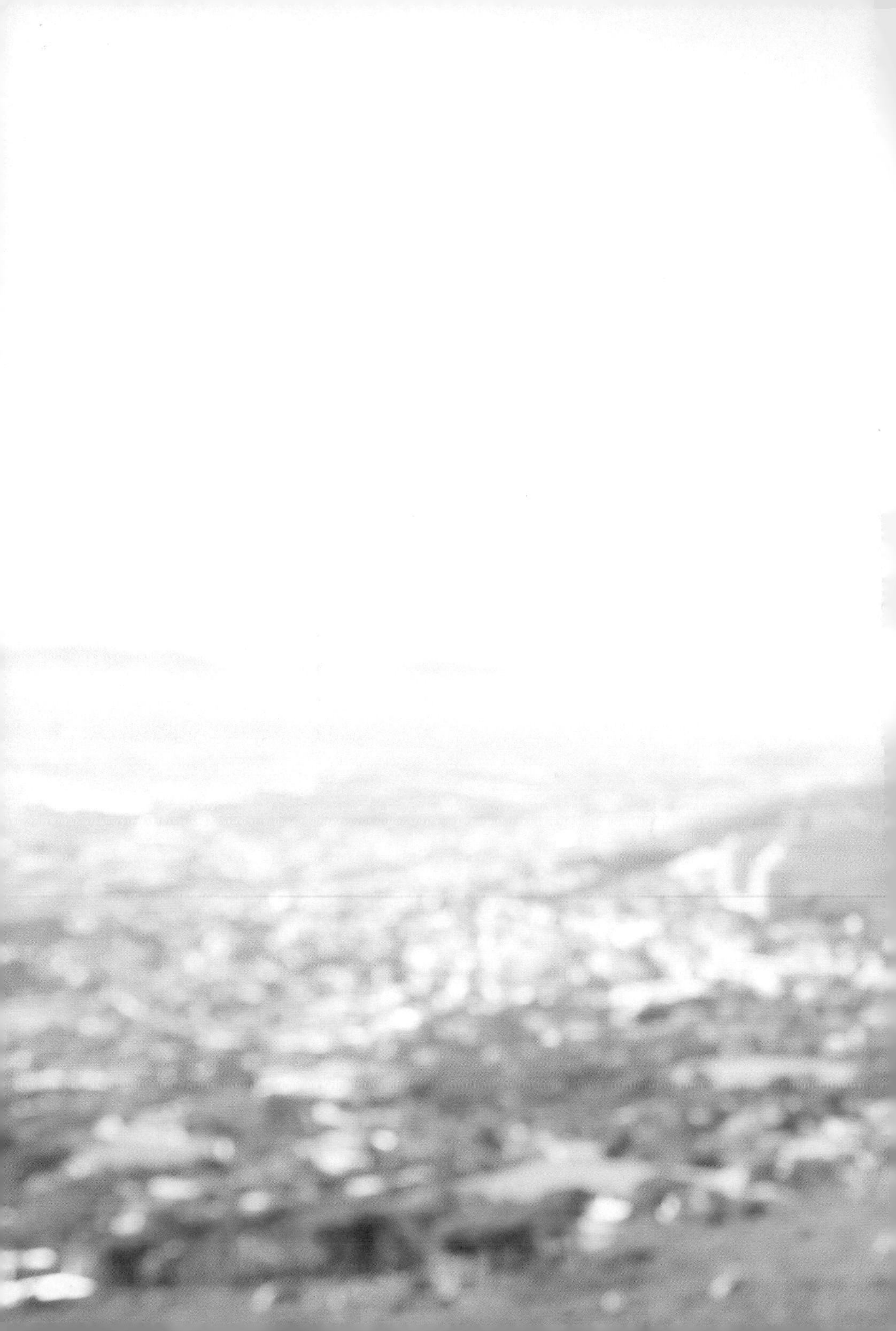

目錄

Chapter 01 中國

Chapter 02
中亞／伊朗

Chapter 03
土耳其

目錄

Chapter 04
尼泊爾／印度

Chapter 05
馬來西亞／南非

Column

踏上夢想的第一里路

序

「旅行，可以有很多種選擇，可以輕鬆，可以寫意，可以瘋狂，可以浪漫。而我，有個長久以來許下的心願，我要找一條路，一條歷史上最輝煌的路。」

每趟旅程出發前，總是喃喃自語，反覆念著這段出現在節目片頭的slogan；這段話是我勇敢踏上旅途的原動力，讓我走在「絲路」上，也走出了一條，我，真正想要走的路。

對於「絲路」一詞，相信大多數人，都是從歷史課本認識，無論是「張騫通西域」，亦或是「唐僧往西天取經」，都讓我當時稚嫩的心靈，對「絲路」充滿憧憬。我常想，有朝一日假若真的讓我踏上這條「絲綢之路」，會是懷抱著什麼樣的目的出發？是為了實現夢想？還是自我放逐，當起背包客體驗人生？畢竟，旅行對當時的我來說，

還是得「師出有名」，外帶那麼一丁點兒的勇氣。

是什麼樣的因緣際會，讓我走了一趟多年的夢想之路？

話說某天，下了主播檯，手持著當年在中國北京旅遊時買的一把紙扇，就這麼搧著搧著，彷彿搧出了點中國味；恰巧這一幕，映入老闆眼簾，跟我說了一個有關「絲路」的節目企劃。不得不承認，人生的安排確實巧妙，當下不假思索，決定接下這個千載難逢的好機會。

話說回來，我真的會主持嗎？儘管內心誠惶誠恐，但，看在這條夢想大道的份上，先答應再說；反正「邊學邊做，一學就會」，正是我人生旅途中，最擅長的一件事。就這樣，我踏上了可以說是改變我人生的一條路。

談到旅行，總該先要有個起點？絲路，究竟該從哪兒開始算起？

許多人談起絲路，總認為就是從西安出發，經河西走廊，進入西域，接著再翻越蔥嶺，貫穿中亞各國，延伸到歐洲。這條絲路，通稱為北絲路，或是「西域絲綢之路」。但廣義來說，「絲路」不只一條，像是從成都出發的「蜀身毒道」，從四川，經由雲南、西藏，通往尼泊爾、印度，甚至遠至中亞、歐洲各國。這條以經商為主的商道，稱為「西南古道」，又稱之為「西南絲綢之路」，比起「西域絲綢之路」還要來得更早。另外，還有從泉州、廣州出發，搭船往南洋，繞過麻六甲海峽，經印度、中東，最後抵達歐洲，甚至非洲，這條絲路被稱為「海上絲綢之路」。

光從地圖上看這幾段路線，仔細算一算得行經的國家，想走上一趟絲路，可真得花上一番功夫；然而亞洲旅遊台《發現大絲路》節目，就這麼一路從北絲路，拍攝到南絲路，再走海上絲路。三年半的時間，走過十四個國家，造訪過上百座城市。每一段旅程，都有無數故事。

這條絲路旅程對我來說，「只有起點，沒有終點」。這是屬於我的圓夢之路。

Chapter 01

中國

絲綢之國，古代跨國商旅貿易的起點。
南北絲路、海上絲路，都從這裡開始。
我的故事，當然也是。

1	
2	3

1 西安鐘鼓樓。
2 讓人興奮的秦皇陵標誌。
3 古城牆前街景。

起點，就從千年古都開始 1

以西安這座「十三朝古都」作為北絲路的起點，自然是當之無愧。

這回來到西安，已經是第二次造訪，雖然還稱不上熟門熟路，但對於當地城市樣貌，卻早已能描繪出基本輪廓。這座古城，無論是從歷史面切入，從出土文物研究起，或是從飲食文化細細品嘗，在在引人入勝。想深入探索這處新舊文化並存的城市，沒待上十天半個月，恐怕玩不出深度。

想參觀城市中的老建築，建議先登鐘、鼓樓，其實在中國各大城市裡，都能在市中心，尋得這兩座地標性建築。「暮鼓晨鐘」這句話，是過去生活的最佳寫照，白天擊鐘，傍晚鳴鼓，提醒百姓日出而作、日落而息。儘管城市現代化，但整座古城區，在當地政府悉心規劃下，鐘樓、鼓樓，仍算得上是城市的制高點，登樓憑欄，便能眺望全城景色。

秦始皇帝陵
世界遺产
WORLD HERITAGE • PATRIMOINE MONDIAL

英勇矯健的鞍馬騎兵俑。

另外，位在西安市中心，還有個「西安古城牆」，從隋唐皇城算起，已有一千四百多年歷史，若從明朝初年擴建府城算起，也有六百多年歷史。城牆高度十二公尺，頂寬十二到十四公尺，底寬十五至十八公尺，明顯看得出，厚度大於高度，穩固如山，不難看出整體建築，是以「防禦戰略」為主要考量；輪廓呈封閉型式的長方形，頗具規模。

登上古城牆，頓時就能感受到城牆的氣勢磅礡，閉目遙想當年，某元帥傲立點將台上，一聲令下，千萬將士高聲疾呼，策馬出城應戰，場面何等壯烈；但話說回來，如果少了點想像也無妨，如今城牆上還有店家出租單車、賣風箏，讓人騎車繞城牆，吹風放風箏，別有一番趣味。

想要感受西安這座城市的魅力，被譽為世界八大奇蹟之一的兵馬俑，豈容錯過；來到西安之前，對於將再次造訪兵馬俑，有一種久別重逢的感動，興奮且期待。

1

2 3

1 俯視秦兵馬俑二號坑。
2 仔細觀看兵馬俑的臉部，彷彿真有其人。
3 栩栩如生的兵馬俑面容。

秦始皇陵西側出土的銅馬車。

雖然這已是第二回見證這場奇蹟，但走進一號兵馬俑坑，還是被現場軍陣的氣勢震懾。無論站在任何角落，都彷彿有千百隻眼，對自己行著注目禮般，一舉一動都不自覺地謹慎起來。兵馬俑最令人驚豔之處，不單是數量多，而是在於「千人千面」；每一尊長相、型態都不同，專家直言表示，兵馬俑是一個一個雕製，而非用模子做出來的，在挖掘和修復過程中，甚至也發現當年製作兵馬俑的師傅名。

仔細觀察還可以發現到這些秦軍兵俑，皆不戴頭盔。根據史書記載，不戴頭盔是秦軍步兵習俗，為的是在戰場上，更能顯現出英勇模樣，加上秦軍身材高大，光是氣勢上，就足以壓制敵人。

兵馬俑在地底下，埋了二十多個世紀，出土後仍保持色澤純、密度大、硬度高等特點，傑出的泥塑和製陶工藝，連現今製陶工藝師傅，都佩服得五體投地。若想近距離觀察兵馬俑，就得進二號坑，展示廳裡展出立射俑、鞍馬騎兵俑，還有其他具代表性的秦俑；近距離接觸，才能真正感受秦俑的高大，每一尊幾乎都有一百九十

一號坑中姿態各異的兵馬俑。

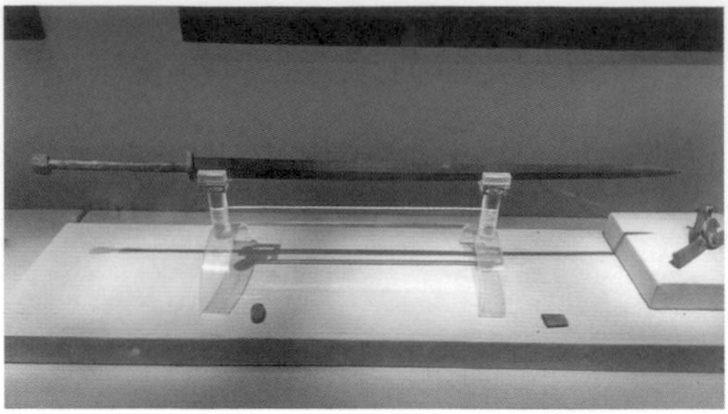

堅硬鋒利而又極富韌性的青銅劍。

公分高，而在展廳裡吸引最多目光的是一尊將軍俑，威嚴的氣勢，讓人忍不住想對他敬個禮；但這尊將軍俑的動作卻挺耐人尋味，雙手過去似乎輕撫著什麼？

其實他的手中原本持著一柄「青銅劍」。說起從二號坑出土的這柄青銅劍，劍身有八個稜面，極為對稱，縱使歷經兩千多年，從地下出土時，卻無蝕、無鏽；青銅劍本身韌性驚人，發現時被一具上百公斤重的陶俑壓彎，但當陶俑被移開的瞬間，據說青銅劍反彈平直，自然還原，精湛的鑄劍工藝，同樣令人瞠目結舌。

要打造數量這麼龐大的兵馬俑，對世人來說簡直是天方夜譚。大多數遊客在參觀前，肯定會帶著滿腦子疑惑，來此求解；但參觀過後，保證將會帶著更多疑惑離去。這或許就是在探究古老文明的過程中，帶給現代人最大的樂趣。

離兵馬俑距離約一點五公里外，便是秦皇陵所在，相傳秦始皇即位後，動員七十萬人，建造陵寢，據說地宮以水銀為江河，以人魚膏為燭，金銀珠寶堆積如山。根據考古探測，秦始皇陵築有內外兩重夯土城垣，象徵都城的皇城和宮城，但由於秦始皇陵並未開挖，也無人敢前往盜墓，對於皇陵內的真實景象，一切只能先靠想像，在此不贅述。

其實，我的內心挺糾結的，一方面還真希望，能進到秦皇陵一探究竟，深入瞭解這位千古一帝，但回頭想想，有誰在百年後，會希望有外人打擾？讓外界留點想像，成千古之謎，或許也不是件壞事。

無字碑下的遙想

2

走在絲路上，看過世界各地不少陵墓，總是抱持著一顆敬畏之心；心裡頭也習慣先打聲招呼，希望陵墓主人對於我們的到訪，能多多包涵。

不過這回來到乾陵的感覺很不一樣。說到乾陵，算得上是中國歷代帝陵中，最特殊的一座；因為這裡罕見埋葬著不同國號的兩位皇帝，一位是唐高宗李治，另一位是他的皇后，同時也是中國歷史上唯一的女皇帝武則天。唐高宗死後，武則天任命官員，負責乾陵工程，由於營造時正值盛唐，所以陵墓規模之宏大，建築之雄偉，堪稱歷代皇陵之冠。另外值得一提的是，在唐代十八陵當中，乾陵也是唯一不曾被盜掘過的陵墓，有專家推斷，當時正處於中國古代鼎盛時期，唐代君王的生活一定要比秦代君王，更加奢華、闊綽，因此唐代皇陵中，陪葬的珍寶，肯定比秦陵中的

乾陵入口。

陪葬品史為精采，對於這座沉寂於地下一千二百年的寶庫，不禁也讓我產生無限遐想。

武則天是中國歷史上唯一的女皇帝，從才人，一步步登上皇后寶座，最後建立大周朝。自古以來，就是一位極具爭議性的歷史人物，或許正因為如此，武則天即便離世，還留下一塊無字碑，引得千百年來人們紛紛猜測，這位一代女皇立下無字碑的真正原因。

來到乾陵，讓我最感興趣的就是這塊無字碑，無字碑是由一塊完整的巨石雕成，重量近百噸，石碑厚實、渾然一體，站在無字碑前的我，也忍不住發出驚嘆聲。追究立碑的目的，主要有三種說法，第一種說法，武則天認為自己功高德大，非文字所能表達。第二種說法，武則天自知罪孽深重，刻了碑文，恐怕會招來世人辱罵，所以還是不寫的好。而第三種說法，就是武則天想讓後人，自己去評說她的那些年。

工作人員記錄下的街拍實景。

無論是哪種說法，畢竟非當事人自述，只能憑空猜想，成為茶餘飯後的無解話題。

而我站在西安，感受著這些歷史的重量，在開啟絲路之旅前，已讓我走進那些胡馬、夜光杯交織的盛唐風光。

1

2

1 乾陵朱雀門外東西兩側的六十一蕃臣像。
2 令後人無限揣測的無字碑。

歸隱在長安

3

唐玄奘到天竺國取經，是家喻戶曉的歷史故事。在西安，有座「大雁塔」，原名「慈恩寺浮屠」或「慈恩寺塔」，便與玄奘大師息息相關。當年，唐高宗命玄奘主持、修建大雁塔，以儲藏從西域取回的貴重佛經、佛像與舍利；所以，在絲路文化歷史上，這裡是當時佛教興盛時代，頗具象徵意義的地方。

初次來到大雁塔時，還直奔塔頂看舍利，但這回卻碰上整修，不開放遊客入塔參觀，沒能拍攝紀錄，有些遺憾。仔細觀察大雁塔外觀，塔身外圍雖然架起鷹架，但大致上仍維持記憶中的樣貌，未曾改變；不過確實看得出大雁塔的角度微微傾斜，是該好好修繕，希望來日舊地重遊，能再登塔頂感受。

大雁塔被視為佛門寶地，儘管正在整修，每逢假日或下班下課時段，寺廟外廣場

登終南山，看老子像。

1 許多人在此許願的上善池。
2 以「埋雁建塔」的典故來命名的大雁塔。
3 登高一覽終南山。

仍吸引不少情侶、年輕人，選擇在此約會放閃，或談天說地小聚，讓這處古蹟活絡起來，增添熱鬧氣氛。

說到宗教聖地，在西安可不只有佛教的大雁塔。另外還有極富盛名的「終南山」，終南山被譽為是道教發祥地之一，素有「仙都」和「天下第一福地」的美稱，據傳當年老子身披五彩雲衣，騎青牛，西遊入秦，在今日樓觀台位置，講授《道德經》。

「山不在高，有仙則名。水不在深，有龍則靈。」終南山素負盛名，就在於許多傳奇故事，為其增添神秘色彩。登上終南山的步道，不知是否因為腦袋裡，閃過幾個對於這處仙山秘境的想像畫面，加上不時和身著道士服的修行者，擦肩而過，步伐似乎感覺到格外輕盈，有種飄飄然的錯覺。順著步道走，就會看到一棵傳說是當年老子手植的銀杏樹，古樹看起來，似乎少了點生氣，卻看得出飽經風霜、歷經滄桑，樹上結有許多信徒來到這祈福的絲帶。沿著宗聖宮古參道上山，一路上古木參天，其中更有九株千年古柏，至今仍蒼勁挺拔。沿山拾級而上，通過林蔭小道，便是講經台所在的入口。

樓觀台顯靈山老子像。

記得當時來到講經台，正巧遇上整修，只能在山門附近四處繞繞，山門西邊亭子旁，有座「上善池」，是元代書法家趙孟頫所書，名字來自老子《道德經》中的「上善若水」。上善池一旁有座香爐，不少大哥大姐，手持一根根的大支香，各自和神靈對話。當下也不免俗地買了香，依樣畫葫蘆拜了起來，把手上的大支香插進香爐後，和大姐們聊上幾句。她們說，後山有處景觀台，立著一尊約八層樓高的老子像，聽起來頗為壯觀，當然不容錯過，得去見識見識。

費了一番功夫登上景觀台，矗立眼前的老子像，栩栩如生，比著參悟天地的手勢，寓意著天地和諧，萬物歸一。爬上景觀台，可與講經台遙相對望，由於算得上是一處制高點，關中景緻一覽無遺。

聽當地人說，過去曾有位記者來到終南山考察，調查統計發現，有超過五千位隱士，在深山修行，這便是終南山自古以來的隱逸傳統；部分來到終南山的民眾，難免抱持著訪仙尋道的志向，當然也有虔誠信徒，特地前來感受仙都靈氣，祈求平安順遂。

1

2

1 傳說是老子親手植下的銀杏樹。
2 大慈恩寺內七層方型的大雁塔。

對我來說，訪仙尋道也好，沾染仙山靈氣也好，衝著武俠小說中，對終南山這座寶山多有著墨，當然要來朝聖一番。

放下手機，一同品嘗美食話家常 4

究竟什麼樣的食物，稱得上美味？是否曾有這樣的經驗，腦袋釋放出飽足感，肚子也吃到有那麼點撐，但嘴巴卻是停不下來；一口接著一口，就是捨不得放過碗盤中，讓人食指大動的美好滋味？

導演曾告訴我，「西安就像是泡在水盆羊肉裡的羊肉般，經歷了千年洗禮，還是那麼有味道」，這句話比喻得確實恰當，尤其在我品嘗過「水盆羊肉」這道在地料理後，特別認同。

說起這道平民美食，起源於明朝崇禎年間，又稱「六月鮮」，慈禧太后賜名「美而美」，是西安夏季的應時小吃，據傳是從千年前的羊羹（是真的羊肉做的羹，而非甜點）發展而來。這道料理聞起來羊味兒十足，嘗起來，肉質鮮嫩軟爛、湯頭清

流行於中國西北的小吃—泡饃。

夾肉就可變身中國漢堡的白吉饃。

爽不膩。但如果不是特別喜愛羊羶味的人，則可試著佐以青蒜、香菜、泡菜等來蓋過部分羊味兒，風味尤佳。

如果覺得單吃一碗水盆羊肉，還不能滿足味蕾，建議再搭配一份「肉夾饃」，絕對能讓人吃得過癮。肉夾饃所使用的饃叫「白吉饃」，以西安的做法、吃法，最為正宗。

一般使用吊爐木炭烤饃，製作饃的麵糰是發麵，得揉上一段時間，比較費工，等待饃熟出鍋後，夾上臘汁肉，咬上一口，饃酥肉香，保證意猶未盡。只要看到有肉夾饃店，附近街道上來往的民眾，手上都會拿著一份，吃得津津有味，相當受到歡迎。來了一趟西安，好生羨慕當地的老饕，盡享地利之便，隨處都能嘗遍美味。

西安更堪稱是絲路飲食文化交會處，讓人垂涎三尺的美食，多不勝數。無論泡饃、麵食、烤肉，樣樣吃得到，樣樣都精采。以泡饃來說，煮法就有多種，一種是：乾泡，

1	2
3	4

1 吃饃喝湯的單走吃法。
2 美味的肉夾饃。
3 水盆羊肉，連慈禧都讚嘆的美味。
4 西安的肉夾饃名店。

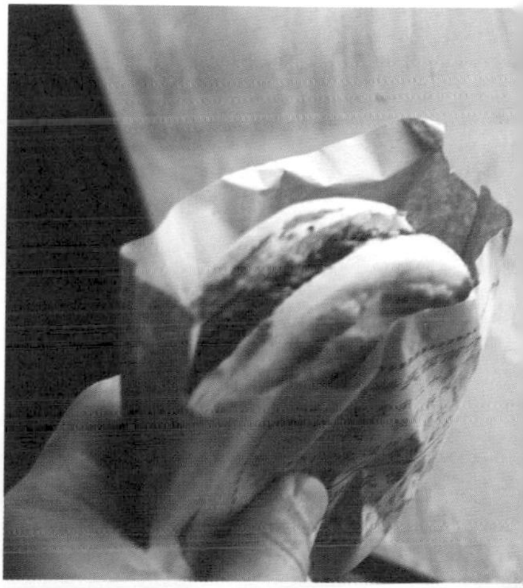

要求煮完的饃，湯汁完全滲入饃內，吃完後，碗內無湯、無饃、也無肉。另外一種，稱為：口湯，一口饃咬起來，酥綿光滑，吃完後，碗內會僅僅剩下一口湯。還有一種叫水圍城，顧名思義，盛在碗中，饃在中間，湯汁在周圍，湯多饃散。最後還有一種叫單走，就是不把饃掰開，直接配著羊肉湯食用。

品嘗一碗西安的牛羊肉泡饃，或是葫蘆頭泡饃，都是我人生中的初體驗，就「初體驗」來說，無論是好壞，第一次的經驗，就足以讓人一輩子印象深刻。泡饃，讓我嘗上一口，回味無窮，就像是初戀的味道般，多年後，依舊想念。泡饃除了味道好，西安人那種「掰饃話家常」的特殊飲食文化，也讓我著迷。

聚餐時，點上一碗泡饃，就得乖乖坐在飯桌前，將饃掰成一粒粒黃豆般大小，至少要花上十到十五分鐘，讓人無法低頭上網滑手機，只得和鄰座的親朋好友，閒話家常，促進彼此間的感情。因此，如果真的想好好聊個天、想靜下心對話，吃泡饃，肯定會是個好選擇。

1 |
---|---
2 | 3

1 讓人有足夠時間話家常的掰饃。
2 掰饃前。
3 掰饃後，且經過料理的模樣。

1 | 2
3

1 昭蘇草原上的駿馬。
2 前往細君公主陵墓前的蒼茫。
3 昭蘇，如明信片般的油菜花田。

天馬故鄉烏孫國

5

新疆古稱西域，是北絲路必經要道；天山貫穿東西，以山脈南北麓分北疆、南疆。南北疆氣候迥異，景觀大不相同，但只要身歷其境，同樣會讓人嘖嘖稱奇。

無論南北疆，都留下古代絲路的蛛絲馬跡，像是伊犁昭蘇，昔日是古烏孫國所在，也曾是漢武帝吟詩讚頌的天馬故鄉。

說到古烏孫國，有段悲傷的歷史故事。和親是漢朝連結異邦，對抗匈奴的一項外交政策；當年西漢細君公主，在和親政策下，背負使命遠嫁烏孫。卻因語言不通，生活難以習慣，曾幾度向漢武帝請求歸國，但漢武帝以成就聯合烏孫共擊匈奴的大局為由，拒絕請求。細君公主因此獻出寶貴青春，透過和親，促成烏孫和漢朝結成同盟，但細君公主卻因思鄉愁苦，心緒難平，抑鬱而終，長眠烏孫山下，如今站在

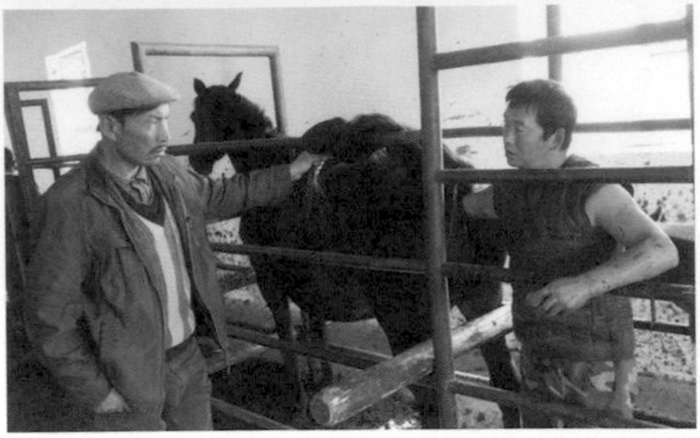

馬場中認真討論的工作人員。

細君公主墓前，回顧這段歷史令人無限感慨。

和親的公主只留下陵墓一座，而活生生的傳奇仍馳騁著，那便是天馬。昭蘇被譽為是「天馬的故鄉」，極力推薦到馬場一遊；昭蘇馬場是目前最具規模的伊犁馬飼養場，採用人工授精技術，進行汗血寶馬、伊犁馬等品種雜交、繁殖。

人工授精的第一步，就是得採集種馬的精子，在這裡就能一窺汗血寶馬的英姿，個頭高大，身上的毛髮色澤也格外亮麗，讓人有種想跨上馬，奔馳草原上的念頭。但每一匹種馬，都是經過精心挑選、悉心照料，嬌貴得很，光是想靠近，都可能吃上閉門羹。

接著更要仔細檢測一匹匹的母馬，是否正值發情期。經確認後，在授精前還必須先幫母馬清理授精部位的外圍，然後，馬場負責授精的師傅，就會以純熟迅速的手法，將輸精管直接送到卵巢排卵位置，一氣呵成完成所有步驟。一進到種馬場，眼

1	
2	3

1 讓漢武帝寫下「馬來兮從西極，經萬里兮歸有德。」的天馬。
2 專業進行假交配作業的工作人員。
3 小心翼翼擦拭著天馬的「尊臀」。

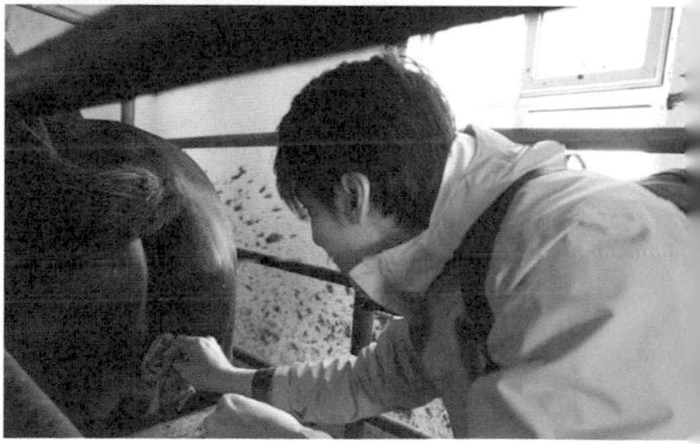

把握難得的空檔，躺在草地上。

前發生的每個步驟，全都令人印象深刻。馬場裡每位工作人員，全綳緊神經、上緊發條，因為每個階段都至關重要，直接影響受孕成功率。

到昭蘇馬場看馬，最棒的季節是夏天，因為正值馬匹繁殖期，小馬差不多都在這段期間誕生，而人工授精的過程更是天天上演。不過在一旁目擊觸診過程，可還得和馬屁股近距離接觸，絕不是一般人能忍受，這回的經驗對我來說，真的是「味道十足」。

在百花盛開的季節，從馬場驅車前往伊犁首府伊寧市的路上，隨處可見一片黃澄澄的油菜花田，美不勝收，忍不住一再下車猛拍照。但當下卻不能多做停留，因為另一個來到伊寧市的亮點，就是趕在傍晚前，到伊犁河看日落。伊犁河是伊犁地區少數民族的母親河，每到黃昏時分，不少當地民眾就會來到河畔戲水、約會；一旁的伊犁河大橋，則是拍攝日落的絕佳地點，橋上擠滿重砲手，長鏡頭一個挨著一個，全是趁太陽還沒下山先架好裝備，準備捕捉最美麗的伊犁河日落。

1 在素有塞外江南美譽的伊犁與薰衣草合影。
2 伊犁是中國最大的薰衣草基地，同時也是世界知名產區之一。

雖然還不到「大漠孤煙直，長河落日圓」的邊塞風光，在伊黎河畔的日落，已讓人讚嘆不休。

6 豪邁大口咬下的美味

旅行，讓我深刻體會到世界上有許多國家、城市，值得你這輩子至少去這麼一次；甚至有些地方，會讓你忍不住一去再去。

回想曾走過的旅程，光是新疆，就去了三趟。引人入勝的部分，除了多元種族文化交融、南北疆鬼斧神工的奇觀異景之外，飲食文化的精采，更妙不可言。

先說說新疆美食，腦袋裡立刻浮現出數道熱騰騰還冒著煙的料理畫面：抓飯、拌麵、大盤雞、羊肚子烤肉等等。幾道料理沒有先後排名，只要在當地看到、聞到，就是忍不住點上一份打打牙祭；尤其是抓飯、拌麵，總在甫抵達新疆，或離開新疆的前夕，必定撥冗大快朵頤，回味再三。

大盤雞，主要用雞肉、馬鈴薯、辣椒製作的新疆特色料理。

抓飯的製作材料是新鮮羊肉、洋蔥、胡蘿蔔、清油、羊油和大米，大致做法是將羊肉剁成塊狀，以清油炸過，再放洋蔥、胡蘿蔔，在鍋裡拌炒，酌量摻鹽加水。煮二十分鐘後，再將洗好、泡好的大米，放入鍋內燜煮，等個四十分鐘，熱騰騰的抓飯，就能裝盤上桌；不過提醒大家，只是照本宣科就想煮出道地的抓飯，可不簡單，還是得靠經驗，下點功夫琢磨。

抓飯端上桌，油亮生輝，香氣四溢，但這股香氣夾帶濃郁的羊羶味，不是所有人都能接受。或許是在絲路上和羊群相處、互動機會多，抱過小羊、捏過羊屁股，還剪過羊毛，老早就習慣那股草原上最自然的味兒，我在品嘗時，可是一點障礙也沒有。抓飯不僅色香味俱全，還富營養價值，別具邊疆特色，肯定值得一嘗；不習慣羊羶味的，不妨捏住鼻子，吃上一口，保證口味和聞到的截然不同，說不定和我一樣，一試成主顧。

另外則是又稱為拉條子的新疆拌麵，顧名思義就是採純手工方式製麵，而用來拌

1	
2	3

1 油亮的抓飯。
2 即便都叫抓飯，每家店都有自己的獨門配方。
3 不用擀、壓，直接用手拉成的新疆拌麵。

1
2

1 沙漠深處牧民發明的羊肚子烤肉。
2 切開熱氣騰騰的烤肉內部。

麵的醬料十分講究；肉品種類可選擇牛、羊、雞，切成丁狀，抹上孜然粉，再將洋蔥、番茄、青椒、紅椒、黃椒切成片，一股腦兒全丟到熱油鍋裡拌炒。炒到屋裡竄煙，炒得豪邁，再依個人喜好，酌量加入蔥、花椒、胡椒、醋、蒜末等調味料拌炒，最後當然得倒在煮熟的麵條上攪拌，整個過程光是想像就足以讓人垂涎三尺。醬料口味雖重，但經過口中麵條調合，以及彩椒內含水分沖淡，嘗起來鹹辣適中，加上麵條咬勁十足，入口彈牙，在舌尖上一陣翻攪，口味、口感皆具層次。

其實每趟來到新疆，我都抱著體重一定重個兩到三公斤的決心；大啖美食與維持身材，就像天秤兩端的天使與魔鬼，但試問自己一輩子能來新疆幾回？倒不如吃個痛快，留住沒有遺憾的回憶，方能不虛此行。

1 蘭州知名的牛肉麵。
2 配上一點小吃更美味。
3 可視個人口味搭配多種佐料。

黃河水畔的蘭州風光

7

甘肅的蘭州是個很有特色的省會，生活機能優越，擁有一般人印象中大城市應該具備的設施和條件，同時也擁有舒適的環境和清新的空氣，是座非常適合居住的城市。

不知從什麼時候起，「蘭州」和「牛肉麵」這兩個名詞幾乎畫上等號，相信絕大多數人對於蘭州的認識，就是從牛肉麵開始。來到蘭州，確實走到哪都找得到賣牛肉麵的店家，至於從哪家吃起？當然得找間老字號好好嘗嘗，在當地人推薦下，找了間最出名的「馬子祿牛肉麵」。

馬子祿牛肉麵在蘭州，已有超過百年歷史，可謂歷久不衰；分店一間一間開，規模越做越大，甚至號稱光是一個早上的時間，就能賣出五千碗牛肉麵，究竟有多好吃？吃了才知道。

來到當地一條「大眾巷」，遠遠就看到排隊人潮，不費吹灰之力就找到一家馬子祿牛肉麵店，這條街儼然就像美食一條街，不少美食都在這裡，店家生意都挺不錯。鼻子不時被不知名的食物香味牽著走，店外美食圖片也總吸引著我的目光，儘管嘴巴饞得很，但就怕待會兒吃不下牛肉麵，只得快速通過，直搗牛肉麵店。

蘭州人對於牛肉麵的喜愛程度，相較於臺灣人，可說是有過之而無不及，因為他們習慣一大早，就先吃一碗牛肉麵。進到店裡先選擇好牛肉麵大小碗以及牛肉數量後買單，接著排隊領餐。就在排隊端麵的過程中，可以清楚看到整個廚房作業的情況；廚房中的大廚分工合作，和麵的和麵、揉麵的揉麵、拉麵的拉麵、煮麵的煮麵，每位師傅都很專注，動作熟練迅速。每一碗牛肉麵從無到有的過程，一氣呵成。原本隊伍還排得挺長，但製麵動作快，不一會兒，熱騰騰的牛肉麵就端在手上，得趕緊找個位置好好品嘗。

一碗道地的蘭州牛肉麵上頭，覆蓋一層油潑辣子，在熱氣的衝擊下，散發出的味道香得銷魂，吃進嘴裡一口口麵條相當勁道；牛肉滷得片片入味，肉質的鮮甜感受，讓人捨不得停下咀嚼動作。牛肉麵在此之所以成為平民美食，價格實惠也是絕對。店裡頭吃麵的聲音，此起彼落，讓人有種深怕眼前這碗麵被人搶食的錯覺，只得加快速度吞下肚。

蘭州是牛肉麵的天堂，拉麵館隨處可見。而這一碗麵，確實值得驕傲，沖香的辣子、熬了不知多久還滾沸著的骨湯、勁道的拉麵，實在、道地，百吃不厭。對著牛肉麵狼吞虎嚥時，當地朋友和我分享了一句話，他說：「平民百姓的日常生活，不就是這老老實實的一碗麵？」聽起來挺有意思的。

蘭州人愛吃牛肉麵，也愛黃河，因為蘭州是唯一一個黃河穿流而過的省會城市。聰明的蘭州人當然沒有浪費這樣的大然資源，沿著黃河南岸，開通了一條黃河風情線，在這裡可以欣賞黃河，參觀沿途的知名景點。如今的黃河風情線已經成為蘭州人平時休憩的地方，以及遊客們必遊的場所。

黃河岸邊有一座始建於明朝的蘭州水車，是黃河沿岸最古老的提灌設施。不僅體現先民的創造力，也爲農業文明和水利史研究，提供了見證。另外，位於水車園西側的黃河母親雕像，也具有極高的藝術價值，雕塑著一名母親，秀髮飄拂，神態慈祥，男嬰舉頭憨笑，頑皮可愛，象徵著哺育中華民族的黃河母親，和幸福快樂的華夏子孫，構圖富含深刻寓意。

近年來由於黃河生態環境的改善，一到冬季，大批遷徙的候鳥，便會飛來黃河蘭州段落腳。成群的野生水鳥，在黃河上悠遊覓食，這樣的畫面不僅為蘭州增添生命力，也成為黃河風情線上一道別樣的風情。

蘭州，可不只有牛肉麵，黃河沿岸的風光更是不容錯過。

1

2

1 位於黃河鐵橋頭的古老石碑。
2 始建於明朝的蘭州水車。

我的沙漠初體驗

8

翻開地圖、轉動地球儀，手指頭依循著絲路路線游移，腦袋裡對於即將前往的陌生異境，不禁多了份想像，但內心最期待看到的景象，是沙漠。

沙漠，對於生長在臺灣的我來說，自然感到好奇、陌生，透過電影、書籍的認識，沙漠總帶點神秘感與危險性，讓自己內心潛藏的探險因子雀躍不已。當火車從蘭州駛向河西走廊，車窗外戈壁灘的荒蕪景象，讓我看得目瞪口呆，驚呼連連。導演看到我這誇張的驚訝表情，還不忘向我炫耀一番，述說著過去造訪沙漠的經驗。

記得導演問我，如果來到沙漠，最想做的事是什麼？當時曾想像用力抓一把沙，舉起手看著沙子從指縫中流逝，或抓一把沙，向空中揮灑，並多愁善感地分享一段沙漠初體驗的感動。另外也希望能騎上駱駝，來趟穿越沙漠之旅。

中國｜中亞｜伊朗｜土耳其｜尼泊爾｜印度｜馬來西亞｜南非

月牙泉邊遙想古事。

與夥伴們於懸壁長城合影。

初次接觸沙漠是在嘉峪關，站在西面城門關口，往前一步就踏進西域，映入眼的是看不到盡頭的戈壁灘；由於當時正值冬末春初交替之際，仍處零下四度低溫，迎面刮來凜冽寒風，讓臉頰略感刺痛。每一口呼吸都得停頓一會兒，溫潤一下吸入鼻腔裡的冷空氣；遙想當年無數歷史人物、百姓，踏上這段沙漠旅程，需要何等勇氣？走出關外的每一步，更顯現出將奮力走完絲路的堅定決心，這一刻，真實感受到自己，原來也有著不平凡的念頭。

所謂登高望遠，想看得更遠就得爬上更高處，來到同樣是明朝修建的懸壁長城，望著近一公里外的制高點，原本和夥伴打算要一股作氣登頂，看似不遠，但這段石階竟然爬得氣喘吁吁，雖然不至頭眼昏花，但兩腿直發軟，有些不聽使喚。夥伴們不喊累，卻很有默契地走走停停，彼此相互拍照，最後一段連續百公尺階梯，可還是得咬緊牙關硬撐，手腳並用地爬上最高點。

登上懸壁長城，先調整著呼吸節奏，同時向城墩靠近，細細感受眼前一望無際的

1

2 3

1 天下第一雄關的壯闊。
2 嘉峪關一景。
3 穿過嘉峪關。

1 蜿蜒的懸壁長城。
2 鳴沙山駱駝隊。
3 懸壁長城。

戈壁灘，原本想登高一呼，卻被眼前景象震撼到說不出話。除了遼闊、壯觀之外，實在找不到更恰當的形容詞，而老天似乎有意給了我們一片陰沉沉的天色，讓戈壁灘顯得格外滄桑、荒涼。

嘉峪關外的戈壁灘，和印象中的沙漠仍有些出入，除了沙，還有隆起的石丘，以及耐旱植被，直到造訪敦煌的鳴沙山月牙泉，總算見識到心中真正渴望的沙漠景觀。為了拍出在沙漠中行走的孤獨感，並遠眺沙丘另一端的月牙泉，這回得自個兒登上沙丘，沿稜線往高處走。

踏在沙丘上的感覺很新鮮，有別於在海灘上漫步；沙漠的沙，感覺格外鬆軟、乾燥、潔淨，興奮的心情讓我加快腳步。走到大腿微疫，才回首看看來時路，卻驚覺根本沒走多遠，當下意識到原來只要往前踏一步，便陷落半步，腳步踏越重，陷越多。就這麼在沙丘上走出心得，唯一訣竅就是放輕腳步，別用力踩下。但這段路確實走得有點孤單，耳邊除了風聲還是風聲，只能跟自己對話；於是邊研究、邊練習、

懸辟長城

邊揣摩，終於登上高處，向下一望，底下騎駱駝的遊客如螞蟻般大小，估計沙丘高度至少十幾層樓高，挺嚇人的。而傳說中的月牙泉，也清楚地在沙漠中現身。

感受臉頰被風沙刮過的微刺感，同時享受著烈日與冷風並存的矛盾，此刻，置身在最單一色澤的場景，卻擁抱著地表上最美的輪廓。

這就是我內心渴望遇見的，沙漠。

後記：

我當然也如願抓了一大把沙，舉起手對著太陽，看著沙子從指縫中流逝，不過突然一陣風，將沙子灑了我滿臉，還跑到眼睛裡，刺得我直流淚，看來有些浪漫的場景，還是留給想像就好。

1 2
3

1 假裝睥睨天下的自己。
2 月牙泉是絲路的重要據點。
3 月牙泉邊，彷彿是真實的絲路商旅。

泉州探尋海絲文化

9

走入泉州西街巷弄中的老房子，就像參觀一處民俗博物館，雖然屋子裡的每樣家具、生活用品，都算不上是值錢的東西，但深厚的歷史情感卻是無價。西街上大多是一些沒落的舊商鋪，看似老人家般安靜地坐臥在舊時光裡。斑駁的牆面掛滿歲月的痕跡，路面上留下頗具歷史的不平整。街道兩邊參差不齊地錯落著木質與石磚結構混搭的老舊樓房，彷彿正細訴著曾經繁華的過往。

泉州地處福建東南沿海，與臺灣隔海相望，不少臺灣人的祖先是從泉州移民渡海來臺；部分風俗民情、宗教信仰，以及飲食文化，有著一定的相似程度，儘管風華不再，在西街上漫步，彷彿就像走在臺南的老街上，有種熟悉的老味道。

泉州當地有句俗諺，「站著要像東西塔，躺著要像洛陽橋」，可見幾處古蹟在泉州人心目中的分量。所謂的東西塔，坐落在西街上的開元寺內，東塔正確名稱為鎮國塔，西塔則為仁壽塔；在古時還沒有高樓大廈的年代，站在泉州市內的每一個角落，向開元寺方向仰望，都可以看到東西塔的存在。

1 2 3

1 開元寺大雄寶殿前。
2 泉州西街取景。
3 交通繁忙的泉州西街。

桑蓮灋界

著名的洛陽橋。

而洛陽橋位於泉州府東北郊的惠安縣與晉江縣分界的洛陽江上，與北京的盧溝橋，河北的趙州橋，廣東的廣濟橋，並稱中國古代四大名橋。由於橋址位於江海匯合處，江潮洶湧，浪濤搏擊，近千年前的橋梁工程師在這種困難環境條件下，首創了一種新型橋基「筏形基礎」，就是以船載石，沿橋梁中線，拋下大量石塊，使江底形成一條矮石堤，然後在堤上建橋墩。另外為了鞏固基石，還首創「種蠣固基法」，利用牡蠣外殼附著力強，生長繁殖速度快的特點，把橋基和橋墩，牢固黏起，可說是超先進的生態工法。

泉州曾經是世界四大口岸之一，東方的第一大港，更是「海上絲路」重要起點。由於海上交通頻繁，大批國外商賈進駐，同時帶進有別於本土的外來文化，其中包括了宗教信仰。

宋代理學大師朱熹，來到泉州曾說過一句話，「此地古稱佛國，滿街都是聖人」，當時泉州宗教融合景象隨處可見，還被譽為世界宗教博物館，或許在那個年代，朱

莊嚴的草庵廟。

熹所指的「佛」，應該不局限於佛教的佛，而是來自世界各地宗教信仰的神明。

在泉州當時是世界大港的年代，宗教大融合的證據，至今仍然存在著。在泉州市區，不僅有印度教留下的遺跡，也有中國最早的清真寺，當然還少不了本土宗教信仰，像是關岳廟、天后宮等等。另外值得一提的是，在晉江市區有座神秘的寺廟，這座廟是摩尼教的寺廟，相傳在宋朝時期，是以茅草搭建而成，所以當地人叫它「草庵廟」。

草庵廟位於晉江華表山南麓，最特別的地方是依崖壁鑿出圓型的佛龕，利用岩石天然的色彩，浮雕出一尊獨一無二的「摩尼光佛」，而這也是中國僅存完整的摩尼佛石雕像，對研究摩尼教歷史的專家來說，是非常珍貴的文物。

難怪我們這群夥伴都認為，泉州儼然就是個世界宗教的「神仙驛站」；更珍貴的是，保留了絲路文化交流的許多證據。

1 | 2
3

1 草庵廟中的摩尼光佛。
2 象徵宋代泉州石構建築與石雕藝術高度成就的開元寺東西塔。
3 真武廟前。

趁著移動的時刻翻看資料。

軟硬臥的移動時刻

攤開世界地圖，轉動地球儀，從出發點延伸到目的地，看似短短的A點到B點，就得歷經一段又一段，動輒十個小時以上的長途跋涉。交通過程對外景團隊來說，不僅是一項嚴峻的考驗，同時也耗掉不少拍攝時數，但我卻樂在其中。

在諸多交通工具當中，最喜愛搭乘火車，或許是停留在小時候和家人搭乘火車，前往外縣市遊玩的記憶。聽著火車在鐵軌上行駛所發出的哐噹聲，就有一種出遠門的感覺，而這樣的感覺當然是興奮的：在中國、印度搭長途火車，和臺灣不一樣的地方，就是能選擇所謂的軟臥和硬臥。火車上提供床鋪，讓乘客躺平休息，對我這鄉巴佬來說，是非常新鮮的。

對疆土遼闊的中國或印度而言，火車算是最方便的交通工具之一，且價格親民，

1 | 2
3

1 後方看得出來連綿不斷的床位。
2 放上背包，大概可以看出寬度。
3 從蘭州往酒泉的火車上。

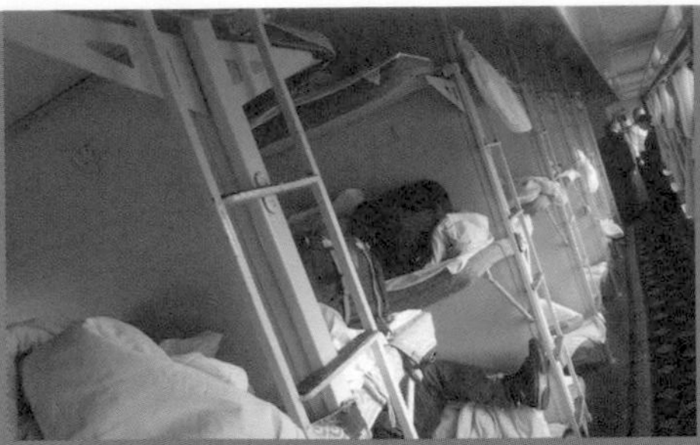

略顯凌亂的車廂內，大夥兒各自安眠。

不事先預訂劃位購票，保證一位難求。頭一回搭乘軟臥，是出第一趟外景時，從中國蘭州前往酒泉，四個人同睡一間小包廂，包廂中有四張床，床單、枕頭套都經過洗滌，對有潔癖的我來說，還算乾淨，可以接受。車廂內附有插座可供充電，還有桌子、夜燈、衣架等貼心設計，包廂拉門還能上鎖，讓人有安全感；近十個鐘頭，四個人坐在車廂內對望，大啖零食、泡麵，談天說地，不一會兒功夫，從陌生到熟悉，留下難忘而美好的回憶。

這經驗讓我對火車情有獨鍾，在日後的旅程，常成為交通工具首選，像是從北印度加爾各答，前往大吉嶺；從印度東南方的清奈，前往西南方的科欽，都是選擇搭乘火車。也曾嘗試搭乘硬臥式的包廂，雖然不是密閉式空間，從兩層臥鋪變成三層，空間明顯小了些；但只要是和夥伴們聚在一塊兒，總有說不完的話題，仍然感到有趣，往往一躺平，就是一覺到天亮。

外景工作行程滿檔，每天早晨六點起床，七點準時用過早餐後，便出發拍攝，到

通往西域的現代軌道。

了晚上九點左右收工，抵達入住飯店。攝影師還得忙著過帶，備分資料，一夥人全圍在電腦前，檢查一整天拍攝成果，邊討論隔天行程。嚴格說起來，一日工作時數，遠超過十五個小時；倘若遇上移動日，反倒是讓大夥兒都暫時鬆了一口氣，得以利用時間，好好休息。

我承認在出外景的初期，一度認為搭乘交通工具的過程挺悶的，但漸漸意識到，這不也是旅行中的一部分嗎？

過去往返絲路，可得騎馬、騎駱駝，甚至僅以步行方式，走一趟少則三月，多則一年半載，如今交通便利，區區十多個小時，就能到達目的地，幸福許多。不妨運用這段期間做點功課，沉澱、整理思緒，並對上一段旅程進行消化、反芻，讓感動發酵；同時也享受著，難得愜意的軌道上移動時光。

走進伊斯蘭的國度，
也走進烏孫、花剌子模與波斯，
這些古城的歷史中。

Chapter 02

中亞／伊朗

1 阿拉阿查冰河國家公園美景。
2 雲霧繚繞的國家公園。

記憶中，於吉爾吉斯那口通透的呼吸 1

談起中亞五國，仿若曾與她們熱戀過一般，愛恨交織；拍攝過程算得上是最艱困的一段挑戰，所留下的記憶點，卻也最為深刻。

中亞，指的是亞洲中部區域。自一九九一年蘇聯解體後，位於中亞的國家，先後宣布獨立，而所謂的中亞五國，就是由吉爾吉斯、塔吉克、土庫曼、烏茲別克、哈薩克等以「斯坦」命名的國家所組成。由於曾受蘇聯統治，獨立時間短，民風國情相對保守，光是分別申請五個國家的簽證，就花費不少時間。

這次外景拍攝經驗，有別於以往，必須採跟團方式，得團進團出，團費不算便宜十七天行程，要價近二十萬元，所以導演決定，這一趟的外景隊成員「兩人搞定」。

比什凱克街景之骨董車。

導演兼任攝影，主持人兼任攝影助理，扛著器材前往這片對我來說完全陌生的國度。從資料上研究，過去生活在中亞這片廣闊土地上的民族，是歷史課本內容中常出現的匈奴人、突厥人等；同時在這裡有著絲路文化交流的證據，成吉思汗來過、玄奘大師走過，光是瀏覽概略旅遊資訊，就讓我興奮不已。

中亞五國第一站來到吉爾吉斯，甫出機場所呼吸到的第一口空氣，讓我驚豔到不行，因為生平初次感受到最「完美」的一口呼吸，就是此時此刻。空氣通透、無汙染，光是這一口前所未有的感動，讓我瞬間為吉爾吉斯著迷。

中國歷史紀錄吉爾吉斯這片土地，過去曾是唐朝「安西都護府」的管轄地，相傳詩仙李白的出生地，《大唐西域記》裡記載的「大清池」，都在這裡。而位於吉爾吉斯境內的城市比什凱克，則是古代絲綢之路其中一條經過天山山脈，貫通西域和中亞草原的要道所途經的驛站，地理位置相對重要。

「比什凱克」在吉爾吉斯語中，代表的就是「攪拌馬奶的棒子」，取這個名字的由來，據說是想藉此緬懷過去吉爾吉斯遊牧民族的生活特色。雖然比什凱克貴為吉爾吉斯的首都，是該國政治、經濟、交通與文化等中心，但給我的第一印象，卻像是個鄉下村鎮，少了都市的繁華，多了份寧靜中帶點樸實的景象。

想瞭解一個完全陌生的國度，最快的方式就是進到博物館聽聽故事、看看文物。在吉爾吉斯的博物館中，除了展出蘇聯時期的文物外，還陳列著吉爾吉斯各個時期的民族生活文物。據考證在這塊土地上共有九十個民族組成，其中包括古代烏孫人、突厥人、匈奴人，所以保留的大多是遊牧民族草原生活的文物，至於代表或描述到關於蘇聯統治時期的文物，則留下了許多悲慘的故事。

中亞在過去一百五十年間，經歷了幾次的人口大遷徙，吉爾吉斯走過風風雨雨，終於獨立，回到過去以農牧為主的國家。現在的她，就像是塊未經雕琢的璞玉，多元種族治理上的複雜，或許也是未來將面對的最大課題。

想暫拋沉重的歷史包袱，走出感傷的情緒，大自然是最具療癒能力的。從比什凱克出發，上了大巴，約四十分鐘車程，抵達為天山山脈一支脈的「阿拉阿查冰河國家公園」。既稱之為冰河國家公園，山上積雪終年不化，搭配周遭綠意盎然的森林景觀，美得令人陶醉，忍不住拿起相機，愉快地捕捉瞬間感動。

耳邊聽到嚮導分享，在夕陽映照下，山體會呈現黃金色澤，閃耀奪目，是賞山的最佳時機。光是想像就能描繪精采的程度，不過既然夕陽西下才是賞景時機，那何必在中午過後就趕著前來，心裡難免抱怨幾句。嘴裡說是抱怨，冰河國家公園的純淨、自然、唯美風光，還是讓我心曠神怡，頓時神遊到不知去向。

初次來到中亞，先抵達吉爾吉斯，呼吸到純淨的空氣，稍微理解了中亞五國的歷史，這樣的開場，或許也是幸事一樁。

1	2
3	

1 潔淨的冰河。
2 遠望吉爾吉斯的天空。
3 自冰河融化的溪水，沁涼入骨。

在草原與絲路文化相會 2

伊賽克湖，是我們來到吉爾吉斯的重頭戲。

據考證，伊賽克湖是唐朝玄奘大師，在《大唐西域記》裡所記載途經的「大清池」。在驅車前往的路上，盡是無垠的草原景觀，途經與哈薩克斯坦交界的「楚河」與「碎葉城」。

「碎葉城」是唐朝時期，在西域設置的重鎮，與龜茲、于闐、疏勒並稱唐朝「安西四鎮」，是中國歷代王朝在西部地區設防最遠的一座邊陲城市，位於中亞楚河流域，同時也是絲路上一座重要城鎮。

相傳詩仙李白誕生於此，這樣的說法更增添幾分對於這座古城的親切感。不過來

中國 中亞 伊朗 土耳其 尼泊爾 印度 馬來西亞 南非

1 2
3

1 碎葉城街景。
2 碎葉城草原石人。
3 碎葉城中燦爛微笑的孩童。

到了碎葉城，卻不知從何看起，我發揮探索精神，詢問起當地人有關李白故居所在，但別說是故居，就連李白這位在中國名聲響亮、叱吒風雲的詩人，都沒聽說過。看來想找到和這位歷史人物有關的蛛絲馬跡，並不容易。難免可惜，但能親臨碎葉城就讓人不遺憾了。

在碎葉城還有一座「布蘭那塔」相當具有歷史，這座塔建於西元十一世紀的喀喇汗王朝，塔旁設置階梯可登塔頂，從上頭往下眺望，可清楚看到遠方有一處土丘格外突出，據瞭解很有可能就是王朝遺址所在。只不過這處景點似乎人煙罕至，僅有幾尊石人默默矗立一旁。

草原上見到幾尊造型簡單的石人，引起我的注意，石人雕像的刻劃工夫，略顯粗糙，但表情韻味十足，越看越有趣。但內心糾結幾個疑問，草原上為何會出現這般石人？代表什麼樣的意義？

1	
2	3

1 布蘭納塔。
2 在草原石人附近踱步的馬群。
3 草原石人的細部面容。

其實不僅在吉爾吉斯，甚至在哈薩克、土庫曼、中國新疆等地，都曾發現石人蹤跡。有專家提出這樣的說法，草原上的民族，曾信奉着一種古老的神秘宗教，是以祖先崇拜為主的原始多神教。在中國歷史中，匈奴、突厥、契丹、蒙古等許多民族都信仰過，而草原石人的設置，就是對英雄、祖先表現敬意的形式。

從石人群的臉孔看得出喜怒哀樂，彷彿感受到當時石雕師傅，在雕刻石人時的心境；有感覺、有情緒，或許是這般跨時空的情感交流，讓我在離開時，也帶著些許不捨，揮別草原石人。

離開碎葉城，繼續往伊賽克湖前進，來到位於伊賽克湖畔，一個叫「啾澎阿塔」的小鎮，小鎮像是個悠閒的渡假勝地，卻沒有過多開發，保留純樸風情。下了車改以步行方式，穿過一處不起眼的小農村，眼前的路卻越走越窄、越崎嶇，不久後便出現一片奇景，偌大的亂石灘就這麼硬生生嵌在山坡地。

興奮遊湖。

亂石灘的形成原因，是冰河沖刷所致，但來到這裡不僅是欣賞這片亂石成灘的奇觀，而是在亂石中藏有玄機。仔細觀察這片亂石，部分岩石上頭繪有岩畫，刻劃著古代原始生活的細節。發現第一幅岩畫後，在岩畫區興奮地和導演玩起了尋寶遊戲，果然不時有新發現，岩石的背後總是帶來驚奇；有的岩畫較為寫實，有些則是以較抽象的手法來呈現，但細細品味後，還是能稍微整理出當時生活的概況。

伊賽克湖附近區域在漢朝時，是古烏孫族的聚居地，史學家推斷，這些岩畫應該是烏孫族留下的遺跡。自古以來，伊賽克湖畔區域就是北絲路必經之地，岩畫區的存在，也為絲路歷史文化留下重要的印記。

走在絲路上的方向，總依循著歷史古文明的遺址、追尋著歷史人物的足跡，在過程中發現證據，拼湊出片段屬於此處的記憶，並試著想像不同時代人們生活樣貌。當年玄奘大師形容這座伊賽克湖：「洪濤浩瀚、靈怪問起，所以往來行旅，禱以祈福。」能走在玄奘大師走過的路，看到他曾看過、感受過的景緻，讓我百感交集，

1 穿梭石堆的當地住民。
2 正遊著伊賽克湖。
3 亂石灘一景。

心想或許在未來的某一天，有讀者或觀眾朋友，造訪我曾經介紹、形容過的地方，並和我有著同樣的感觸，這將會是一件多麼浪漫、有意義的事，不是嗎？

搭船遊湖是來到伊賽克湖最棒的享受，湖區氣候乾燥，空氣清新，湖水透明度高，清澈碧藍，而關於伊賽克湖，還有著許多傳奇故事。據聞當年成吉思汗攻破花剌子模，搶奪大量金銀財寶，就將這些珍奇異寶，埋藏在伊賽克湖底，只可惜我不識水性，不然體內愛探險的因子作祟，肯定讓我撲通一聲，在湖中優游尋寶。

從船上遠眺岸上的啾澎阿塔小鎮，也別有一番風情，遊艇行駛在廣闊的湖面上，平穩舒適，這麼難得的機會，船上遊客們都捨不得待在船艙裡，站上甲板，感受伊賽克湖的多樣風情。

李白和玄奘，就這樣陪我走過吉爾吉斯。

1 布哈拉古城中的清真寺。
2 假裝自己是阿里巴巴。
3 玩偶的人物造型即是智者阿凡提。

穿街走巷 布哈拉古城 3

走進布哈拉古城，內心格外興奮，因為這不僅是絲路上一處重要的停駐站，也是許多人在孩提時期，常聽聞的《阿里巴巴與四十大盜》故事場景之一，除了阿里巴巴聞名外，城裡另一位知名人物便是智者「阿凡提」。來到這座傳說之城，總有著說不完、道不盡的傳奇故事，極富神秘色彩。

布哈拉，梵文意指「修道院」，這座城市約建於一世紀前，位於烏茲別克南部，是一座具有兩千多年歷史的古城。布哈拉簡單分為新城區與舊城區，其中舊城區部分，依舊保留下昔日風貌，由於布哈拉古城是絲路必經之地，不同種族、宗教，在此匯聚，衍生出多元文化色彩，同時也保留許多遺址，古老的驛站、清真寺、神學院皆隨處可見。

1 巧遇當地出嫁的隊伍。
2 街邊休憩的民眾。
3 布哈拉老建築留影。

穿梭古城巷弄間，一棟接著一棟的土夯老房子，外觀簡直可以用「清一色」來形容，門上找不到門牌號，很難想像當地人要是晚上才返家，該怎麼辨別自家？也難怪故事中的強盜們，鎖定犯案目標後，還得在門上動手腳、先做上記號。

由於布哈拉古城染著傳奇色彩，國內外遊客慕名而來，古城裡商鋪林立，但有趣的是，如同百貨公司般，部分店鋪依商品分門別類，將店面各設置在不同區塊。例如有專賣帽子的市集、傳統樂器的市集，或販售絲巾的專區，逛起街來清楚明白。

不過為了因應觀光客需求，一般街道上還是可以看到許多小型攤販，陳列絲巾、小帽、陶瓷等，各類商品多不勝數；而兜售工藝品的姑娘家，全是道地的烏茲別克人，個個高鼻深眼，輪廓分明，賞心悅目。另外，值得一提的是，布哈拉的黃金刺繡，是中亞著名的手工品，風格華麗、貴氣，來到這可別忘了開開眼界，好好見識絲綢文化精湛技藝的傳承。

攝影師捕捉到微光灑下的瞬間。

逛市集輕鬆愉快，但想要更貼近、瞭解當地人的生活，當然得稍稍偏離主要觀光路線，穿街走巷，走走不一樣的路。索性拐個彎，鑽進一條非觀光路線的小道，不過走沒幾步路，連個人影都沒有，料想可能是大中午時間，都進到屋子裡睡午覺躲太陽了吧？

在古城中亂竄，倒不怕會迷了路。雖然每棟老屋都挺像的，不過古城裡，有一處明顯突出、鶴立雞群的宣禮塔，走到哪兒都能看到，即便忘了沿途丟麵包屑、或在別人家屋子門前畫記號，都能輕易辨識來時路。

烏茲別克的夏季讓人印象深刻，只要暴露在陽光底下，每個細微的毛細孔，都搶冒汗珠，汗流浹背是走在古城中必然的現象。眼尖地找了家不起眼的雜貨店，挑選兩瓶冰冰涼涼不知名的飲品。由於語言不通，比手畫腳一番和店家結完帳，正準備暢飲，老闆看到攝影器材，似乎明白我們和一般遊客不太一般，親切的笑容中，還帶有熱情的舉動；拉住我手腕，就往雜貨店後頭小門竄，突如其來的動作，讓我嚇

充滿特色的布哈拉老建築。

了一跳，嘴角還是勉強擠出笑容，呼喊導演跟著進來。

熱情的老闆引領我們進屋，出了雜貨店後方小門，眼前出現一處空間不算小的中庭。穿過中庭再進入　扇門，踏進一間宛如博物館的展廳，展示著各種有著漂亮裝飾紋路的餐具；仔細看看這些餐具上的裝飾，確實不簡單，每一副餐具都有珍藏價值，非常好看。雜貨店老闆不懂英文，雖然彼此溝通有障礙，他卻不厭其煩地介紹家裡裝潢擺飾；雖然聽不懂，但那份熱情與誠意，讓人真的很感動，難得的緣分，最後當然免不了拍張照，留做紀念。

旅途中最讓人難忘的，除了親訪那不曾見過的風光，當然還有這些與當地人在無意中相互碰撞發出的火花。這段偶遇，雖然不在劇本中，卻讓我永難忘懷。

1 從宣禮塔上看希瓦古城。
2 色彩斑斕的牆面。
3 身著當地服飾的行人。

希瓦古城，傳說中的花剌子模 4

中亞五國的旅程中，參訪了不少具歷史性的古老城市，在烏茲別克境內，除了一探傳說之城—布哈拉古城外，另一座讓我留下美好記憶的，就屬希瓦古城。

希瓦古城同樣是絲路上的重要城市，建城可追溯到西元前五世紀。傳說在當地發現了一口甜水井，往來絲路商旅經常在此歇息。「Khiva」這個名字，最早就源自於此。說起希瓦古城，乍聽之下，大部分人一定感到不熟悉，甚至是陌生的，倘若以「花剌子模」來稱呼，應該就能喚起來自歷史課本的那段遙遠記憶。

十三世紀時，成吉思汗曾派遣外交使節，前往中亞同為大國的花剌子模，沒想到得到的回應，卻是使者慘遭辱殺。為此，成吉思汗勃然大怒，率兵遠征，鐵蹄踏平所到之處，其中當然也包括希瓦。目前古城內，十三世紀前的原始建物已不多見，

1 回眸一笑的紡織廠老闆娘。
2 非常喜歡這張古城的構圖。
3 改成商鋪的老建築。

大部分是十六世紀希瓦汗國以後所留下的建築群。

古城範圍不大，昔日城牆分內、外兩層，外城牆稱為「Dichan Kala」，內城牆名為「Ichan Kala」，但外城牆建體，絕大部分已經毀損，或深陷地底。目前的希瓦古城，指的就是內城牆的範圍，圍繞區域長約七百公尺，寬約四百公尺，看起來雖然範圍不大，但城裡頭的古蹟豐富，活像是個露天博物館，宮殿、陵墓、清真寺以及宣禮塔等古建築，讓人目不暇給。整個內城幾乎是三步一座經學院，五步一座宣禮塔，不過部分經學院變成餐廳，有些成了現代旅館，如果在此用餐或住上一晚，應該也是別有味道。

逛了不少古城，就是想不透，為何中亞國家的宣禮塔，蓋得一座比一座高？難不成是為了彰顯國力，或是炫富的象徵？據說一八五二年，希瓦汗國當時在位的國王，打算要蓋出世界最高的宣禮塔，可惜這位懷有雄心壯志的國王，在一八五五年不幸離世，宣禮塔的工程隨之停擺；所以在希瓦古城裡，就有這麼一座半截塔，是個未

1 古城中寧靜的住宅區。
2 坐在紡織廠一角沉思。
3 著名的半截塔。

完成的作品。但由於古城內多半是土黃色建築，這座擁有藍、綠色彩的半截塔，意外成為古城內最亮眼的焦點。

走進古城裡的熱鬧市集，閒坐在宣禮塔前廣場，靜靜觀察當地人的生活。過去這裡曾是絲路上，著名的奴隸交易市場，及盜匪藏匿的巢穴；據說古希瓦汗國，就是靠著奴隸交易而致富，鄰近的哈薩克人與土庫曼人，只要抓到波斯商隊，或俄羅斯農民，就會押送至此交易。不過現在看來，已成了不折不扣的觀光景區。

希瓦與布哈拉這兩座古城相像的部分，就是老房子、老建築裡，都改裝成商鋪，住戶們幾乎都成了攤商，做起觀光客的生意。由於進城時間稍早，還不時看到店家正忙著整理各自的商鋪，準備迎接全新的一天。

如今，希瓦內城被聯合國教科文組織，列入世界文化遺產，幾經重修；現在的希瓦內城，就是過去希瓦汗國的重現。曾經有來訪的遊客感嘆表示，希瓦古城已經失

1 民居前和當地居民的合照。
2 老建築改造而成的餐廳。
3 當地民眾非常熱愛合照。

去生命；但其實換個角度觀察，眾多的小販和工坊，都按著原本的作息出來活動，我倒是覺得，不過是以另類的生活方式，延續往日繁華的朝氣，讓古城不失原本的精采。

希瓦，像是童話般的中亞古城。旅程中，深深感受到濃濃的古城文化氣息，希望她永遠保持這般純樸美麗；順帶一提，在這充滿中亞臉孔，與西方觀光客的地方閒逛，或許正因為這裡的東方人很少見，我這張東方臉孔，總吸引大家的注意，成了大明星似的，大家搶著拍照，說句老實話，真的是挺棒的際遇。

初訪德黑蘭 5

「只要前方有路，有多遠、走多遠！」一路上我就是這麼提醒著自己；但走在絲路上，難免留下些許遺憾，因為不少國家的現況，總讓你不得其門而入。

越是接近中東地區的國度，越是陷入緊綳狀態。在討論是否前往伊朗時，讓製作團隊幾度猶豫，因為周邊的鄰國，如伊拉克、阿富汗、巴基斯坦等，不時陷入內亂與戰事；是否影響、衝擊伊朗人當地生活，誰也說不準，但翻開歷史、打開地圖，伊朗確實是大絲路上一段必經的旅程。

規劃好行程路線後，製作單位向伊朗政府申請拍攝許可證，足足等了一個多月的時間，終於傳來好消息。既然拍攝許可到手，相信就能在伊朗各地暢行無阻，隨心所欲地進行拍攝任務，至少在出發前一刻，我們這群夥伴還是這麼樂觀。不過也由於中東情勢的敏感，老夥伴湯姆婉拒了這趟伊朗行，或許是聽聞國際媒體報導下的解讀，認為當局與西方歐美國家交惡，擔心膚色問題會引起不必要的「關注」，甚至影響拍攝進程。

對於伊朗的基本認識，多半是從網路或書籍中獲得，再加上那麼點個人想像，猜想應該會是個挺神秘又保守的國家。而當飛機抵達德黑蘭時，倒也發現一個特殊景象：飛機上的女孩，紛紛戴起了頭巾，仔細整理著瀏海。因為信仰的關係，伊朗政府規定，只要是女性都得戴上頭巾，上半身衣服還得長過膝蓋；至於男性則沒有太多限制，就是不得穿短褲出門。但我這回卻穿的是七分褲，過海關檢查時，也趕緊將褲頭盡可能地往下拉成八、九分褲，幸好順利過關。

德黑蘭是伊朗的首都，也是伊朗最大的城市，出了機場已經是當地下午時間，得拖著行李，先尋找預定好的飯店，而首要挑戰任務就是得搭乘地鐵。素聞德黑蘭地鐵系統發達，甚至被譽為是「世界上最潔淨的地鐵系統」之一，相較其他中東國家，

1 熱情的德黑蘭居民。
2 其實當地女子並不如我們想像的保守。
3 繁忙的德黑蘭街頭。

也是交通最為便利的一座城市。就是衝著這「世界之最」的名號，當然得好好介紹，但是正當我們才剛準備好拍攝器材，打開麥克風，還沒來得及開口說幾句話，就被幾名地鐵警察制止。

職業病使然，就是急著想上工，都忘記得先溝通一番。於是我們很有默契地，對著地鐵站裡的警察們，亮出日前才到手的拍攝許可證，用堅定的眼神示意，我們可是有備而來。只見警察好奇地接過許可證件，端詳一會兒，似乎不太理解這究竟是拿來做什麼的；於是歸還證件後，用一口流利的波斯文，還比手畫腳地警告我們不得拍攝。人在屋簷下不得不低頭，在還搞不清楚的狀況下，我們只能聽從指示，收起器材，購票搭車。

伊朗地鐵車廂確實乾淨，最特別的就是「男女有別」，另外規劃出女生專用車廂；隨行有一名女企劃筱惠，當然就得乖乖地坐在女生車廂內。而之前在網路上看到有網友貼文分享幾年前的旅遊經驗，說德黑蘭地鐵車廂裡，標示各站名稱，寫的全是

HELLER

فروشگاه رطب ارگ بم
فروشگاه گل یخ

波斯文，如此一來，可能會讓我們看得一頭霧水。好在如今車廂內，除了波斯文之外，還貼心附上英文，相信是為了因應遊客需求，特別加註上去的。

出了地鐵站，按地圖順利找到飯店，暫時鬆了一口氣。但看著手中這張不太靠譜的拍攝許可證明，不禁擔心起接下來的拍攝行程，很可能會增添不少變數。還好隔天就會和伊朗嚮導碰上面，就把擔心先擱在一邊。由於正值酷暑季節，雖然氣候乾燥，但熱的程度和臺灣相較，仍不遑多讓。於是和夥伴討論著該不該去買瓶冰冰涼涼的啤酒喝，結果問了飯店櫃檯才赫然發現，因為信奉伊斯蘭教的關係，政府祭出禁酒令，在伊朗只能買到無酒精飲品。

第一次踏上伊朗的國土，就由這些或大或小的文化衝擊揭開序幕。

1 | 2
3

1 頭巾是女孩們的時尚配件之一。
2 地鐵車廂中劃分男女的柵欄。
3 伊朗人其實是很友善熱情的。

德黑蘭，二十四小時的城市面貌 6

伊朗歷史悠久，首都隨著時代更迭有所變遷，光是以首都來說，就能推算出一段演進史；目前的德黑蘭已經是伊朗第三十二座首都，在這座城市中，有座標的性建築肯定值得造訪，那就是「自由紀念碑」。

對伊朗人來說，一九七一年落成的自由紀念碑有著特殊的意涵，不僅是為了紀念波斯帝國創立兩千五百年。在一九七九年，伊朗爆發伊斯蘭革命後，這座自由紀念碑，又增添了一項新的意義；象徵著伊朗自由神權時代的來臨，也象徵著這個國家的自由、獨立和主權。

自由紀念碑外型獨特，遠看就像是個倒過來的英文字母「Y」，走近一看，更能感受到壯觀；穿梭在自由紀念碑下，宛如在巨人腳下穿行，有種莫名的壓迫感。不禁回想起許多電影，描述著波斯帝國對鄰近國家蠶食鯨吞的場景。

1 自由紀念碑下。
2 自由紀念碑全貌。
3 上制高點看市區。

談到伊朗當地特產，相信許多人會聯想到波斯地毯，早在波斯希臘化時期，伊朗就成為東西方文化交流的重要樞紐；絲綢之路由此，連接錫爾河與阿姆河之間的中亞河中地區和印度。不僅讓佛教從印度東傳，瑣羅亞斯德教也西去影響猶太教；而此時，波斯地毯也成為絲路上相當重要的外銷商品。

一塊好的波斯地毯，不僅堪稱藝術品，還具有很高的收藏價值。想要瞭解波斯地毯，當然得走一趟位於德黑蘭的地毯博物館；館內收藏十六到二十世紀，在伊朗各地生產的地毯珍品。從地毯的製作方式或圖案內容，精采紀錄、表現出各個年代社會的生活方式，見證伊朗歷史；甚至部分地毯內容，明確呈現、訴說著伊朗在古絲路上，東西文化交流過程的證明。博物館內收藏的地毯，自然是可遠觀而不可褻玩焉，但難得來了趟伊朗，可不容空手而回，買塊物美價廉的地毯收藏，成了此行的目標之一。

當地美食讓我印象最為深刻的，就屬來到伊朗吃到的前兩餐，第一餐吃的是一間

1 | 2
3

1 愜意躺上波斯地毯。
2 製作地毯的匠人。
3 精緻的波斯地毯。

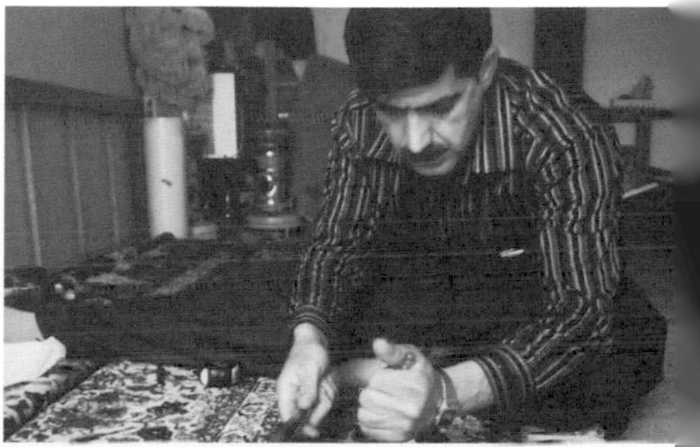

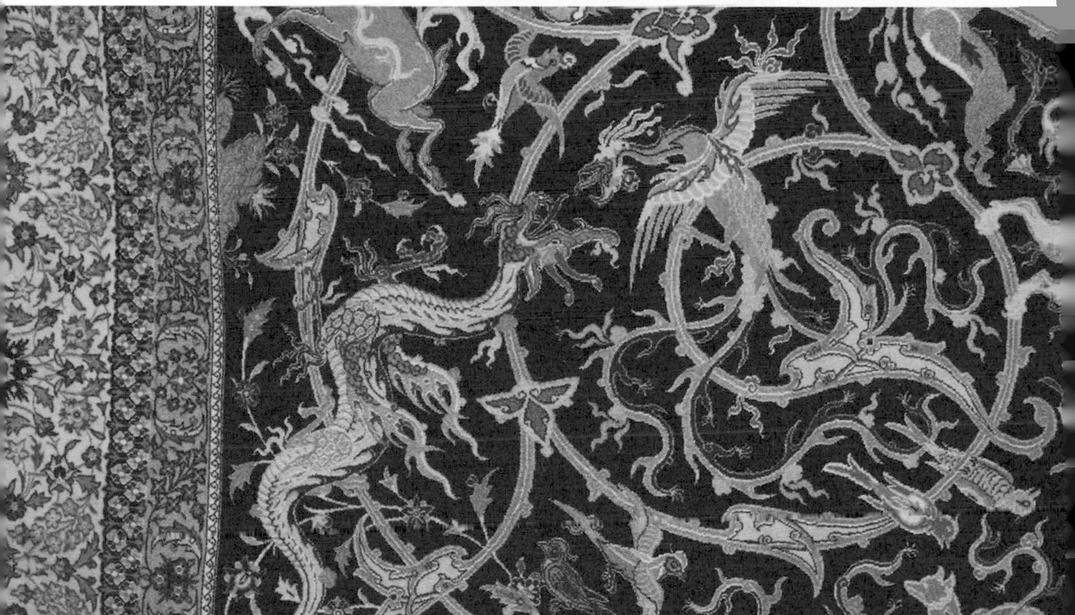

人氣名店，賣的商品出乎我意料，也許是受到西方國家影響，伊朗人正時興吃漢堡、配薯條；若不是放眼望去，女孩都包著頭巾，說此刻身處在西方國家，或許大部分人都還會相信。

正因為流行，伊朗隨處可見這類型的美式漢堡店，味道嘗起來，還真的挺不錯的；用料好實在形容，最恰當不過。儘管飲食文化受到西方歐美國家影響，但大家所熟知的知名連鎖漢堡品牌，在伊朗還是找不到的。

至於第二餐，當然不能只是老嗑漢堡、薯條，總得見識正宗的伊朗料理，我們來到一處山中小鎮「達爾班德」，許多人稱之為「德黑蘭的後花園」，無論是假日或非假日，每天都會湧入大量遊客，小鎮裡頭各式茶館、餐館林立，每到用餐時間，都高朋滿座。

我們選了間環境清幽的餐廳用餐，一群人圍坐在波斯地毯上，體驗當地人最傳統

1 | 2
3

1 攤開花樣的地毯。
2 當地的小點心。
3 德黑蘭市區全景。

的用餐方式，不一會兒，稍早點好的菜餚，一道道端上桌，讓我們驚呼不斷；其中讓我一口接著一口吃不停的，就是烤到微焦、皮酥肉嫩的烤肉串，但說到最特別、最珍貴的，當然就屬臺灣很少見的「番紅花飯」。

如果以重量來計算的話，番紅花算得上是世界上最昂貴的香料，但伊朗是番紅花的主要產地之一，幾乎家家戶戶煮飯時，都會加上一點番紅花來點綴。雖然稱為番紅花，但煮出來的飯可不是紅色的，而是帶有金黃色澤，由於是初次品嘗，無從比較起，只能說味道獨特，色、香、味俱全。

餐後少不了要來上一杯伊朗紅茶，紅茶對當地人來說，堪稱國飲。喝法、煮法與土耳其紅茶相似，甚至喝的頻率也不相上下，但紅茶味道卻大大不同。據傳伊朗飲茶文化源自於印度，這也算是絲路文化交流的一項證明。

這是我的德黑蘭一日遊，雖是走馬看花，卻也重點地點出了這座城市的不同面向。

1	2
3	

1 其實是帶有金黃色澤的番紅花飯。
2 外型像是麵線的伊朗冰品。
3 當地人幾乎每餐都吃的烤肉串。

1 體會亞茲德的當地風土民情。
2 亞茲德的巷弄。
3 屋上高高矗立的，即是風塔。

在亞茲德尋找拜火教遺跡

7

亞茲德是一座位於沙漠地區的綠洲城市，相傳早在七千年前就有人居住，是古絲路上的中繼站；直到十五世紀仍是一處繁榮的驛站，但城市重要性日益衰退，直到近年被遊客發掘，再度成為來到伊朗必然造訪的古老城市之一。

走在亞茲德古城中心區內，隨處皆是如迷宮般的小巷弄，以及饒富特色的土夯古民居。狹窄街道縱橫交錯，卻看不到路牌，置身其中彷彿誤闖迷宮，只得沿途強記下每個轉彎處，以免迷失方向。

亞茲德被喻為「風塔之城」，古城內的民居上，隨處可見風塔；居民在屋上建起呈四面或六面柱體的風塔，高約五、六公尺。塔面朝四方攔風，空氣進入風塔後，沿著通風井下竄，進入屋內，冷空氣被拉入屋內，熱空氣則是由另一方排出，以熱

對流方式讓空氣流通，達到降溫效果。在炙熱的沙漠地區，風塔是當地不可或缺的建築；除此之外，還有一種被稱為「冰塔」的特殊建築，同樣令人嘖嘖稱奇。

從地面上看過去，冰塔大致上呈半圓體籠罩，其實裡頭暗藏玄機；冰塔規模有大小之分，內部深度從一層樓到數層樓都有，是當地人早期用來儲存水源、冰雪的傳統建築，為了達到更好的降溫效果，在冰塔邊上同樣也有著風塔設計。

亞茲德除了古城裡這些因應當地天候因素，及地理環境所衍伸出的建築，值得研究；另外，鄰近有一處宗教聖地，同樣值得探訪。因為這個在古波斯時代曾盛極一時的古老宗教，如今在全世界仍有進行其宗教活動的地方，已經不多見。

印象中的伊朗，是一個幾乎全民信奉伊斯蘭教的國家，但事實上，雖然伊斯蘭教在伊朗的地位高於其他宗教，但當局仍容許人民有信仰其他宗教的自由。尤其在亞茲德這座城市，盛行著一種古老宗教，拜火教。

在風塔之城與風塔合影。

這處宗教聖地，名為「Chak Chak」，位於亞茲德西北方約七十多公里，上頭有一間拜火教神廟，依山而建，占地並不大，僅由一道銅門把關。神廟裡最神聖的地方，是一道沿山壁流下來的泉水。相傳公元七世紀，一位波斯公主，為了躲避入侵的阿拉伯人，來到Chak Chak，當時她同時面臨著敵人來犯與缺水的威脅，向神明禱告，沒想到山泉水奇蹟似地出現，山崖也同時破開，讓這位公主成功避開敵人。而山泉湧出的「滴、滴」聲，就成了今天的地名。

這座拜火教神廟，每年六月中旬，都會湧入來自世界各國的拜火教信徒，聚集朝聖。過去曾拜讀金庸小說《倚天屠龍記》，對於小說中所描述的明教和波斯拜火教的淵源，仍記憶猶新，依我看來，這裡儼然就是小說中明教的波斯總壇。

拜火教又名「祆教」，是現存世界上最古老的宗教之一，相傳創立者為瑣羅亞斯德，所以也被稱為瑣羅亞斯德教。拜火教過去曾被奉為波斯的國教，但當年阿拉伯帝國，征服了波斯帝國，拜火教因此受到伊斯蘭教的排擠。部分不願意改信伊斯蘭教的信徒，被迫移居到印度、中亞一帶，甚至有少部分人到了中國；而留在波斯的信徒，則集中居住在亞茲德這一帶。根據統計，全世界目前的拜火教信徒，約有十五萬人，光是在亞茲德，就有約上萬人。

另外，市區附近還有一座建立於一九三二年的瑣羅亞斯德神廟，最引人入勝的部分，就是在這座神廟大廳中，有團燃燒千年的聖火。根據史料記載，這團聖火是從西元四七〇年開始燃燒至今，一四七四年被移到亞茲德；到了一九四〇年，聖火才被放置於這座神廟中。來訪遊客只能隔著玻璃，遠遠觀看這團燃燒千年的聖火，但聖火就是有股莫名的吸引力，讓人想近距離感受溫度。在好奇心的驅使下，歷經一段不屈不撓的溝通過程，最後特別獲准進到聖殿，近距離觀看聖火。

雖然這個古老的宗教，如今已經沒落成了世人眼中的神秘宗教，但拜火教在世界宗教史上，還是占有相當重要的地位。對於後來的猶太教、基督教，以及伊斯蘭教的一些教義，都有著深遠的影響。有機會來到亞茲德，極力推薦到這些拜火教遺跡

1	
2	3

1 拜火教神廟中的火光。
2 拜火教神廟一景。
3 前往拜火教神廟的路上。

走走，畢竟這是離開亞茲德，就算花再多錢也看不到的珍貴文化遺產。

近距離感受燃燒千年的聖火，究竟是什麼樣的感覺？生一團火，站在一點五公尺外，相信就可以感受到相同的溫度；但不一樣的是，周遭多了份神聖的氛圍，尤其當所有人的目光，看著你這樣近距離的接觸聖火，這樣的眼光是何等的羨慕。

1 | 2
3

1 寧靜的廊道。
2 感受亞茲德的陽光。
3 古城裡的搖晃塔。

1 阿比亞內的屋簷與天空。
2 販售玫瑰製品的小鋪，店員後方可見提煉工具。
3 街邊隨處可見色彩鮮豔的角落。

卡尙飄揚玫瑰香

8

卡尚別稱「玫瑰之城」，是伊朗國花─玫瑰最重要的產地。這裡離德黑蘭約二五〇公里，是絲路上的一座綠洲古城市；初抵預定好的飯店，櫃檯人員親切遞上一杯迎賓水，由於正值大熱天，看到這杯冰涼飲品，心中滿是感激之情。拿起這杯看似透明的冰水，就往嘴裡灌，頓時一股芬芳、濃郁氣味，從嘴邊直竄肚子裡，再從肚裡散發香味至嘴邊；這種前所未遇的感受，讓我停止動作，呆看手裡這杯，喝的只剩不到半杯的透明冰水。

之所以停下動作，並不是不能接受這股味道，而是感到驚豔無比，捨不得就這麼把這杯神奇飲品一乾而盡。對於玫瑰的香味，就是情有獨鍾，心裡嘀咕盤算著，卡尚既然被譽為玫瑰之城，想必當地的特產應該都跟玫瑰有關，離開時肯定要來個大採購。

中國 中亞 伊朗 土耳其 尼泊爾 印度 馬來西亞 南非

آب آشامیدنی
Drinking Water

1 由碎鏡及大鏡鋪砌而成的費恩花園天花板。
2 花園裡開心奔跑的女孩。
3 在花園裡泡腳享受一下的夥伴們。

來到卡尚第一個行程，是驅車前往離卡尚約八十五公里遠的一座古村落—阿比亞內。阿比亞內位於海拔約兩千公尺的高原上，地處偏遠，對外交通不便，或許正因為如此，阿比亞內的村民，至今仍保留著傳統的生活方式，同時也被認為是目前伊朗最古老的村落之一。

走進阿比亞內，與眾不同的傳統服裝，吸引了我的目光，男人穿著黑色褲裙，女人雖然和其他地區的伊朗人一般，罩著頭巾，但色彩圖樣明顯活潑許多。相傳阿比亞內村民所穿著的服裝，至今仍依循著兩千多年前「帕提亞王朝」時期的傳統特色。或許再加上村子裡寧靜古樸的氛圍，有種走進歷史中的錯覺，彷彿還能深刻感受到古波斯文化的氣息。

村子內的古宅保留、維護得原汁原味，貫穿村子裡的主要幹道，中間還留有一條溝，問了當地人才知道，原來村內靠驢載運物品，當初挖這條溝，是專門用來清除驢的排泄物，聽起來這樣的設計還挺實用的。

1 這時候，應該是在想下一段該說什麼吧。
2 當地的豪宅。
3 製作伊朗主食一饢的少女。

爬上緊挨著村落旁的一處山坡制高點，遠眺村落全貌，一間間古厝依山而建，高低錯落在山坡上。放眼望去，房子外觀大致上只有單一紅色，最主要是因為當地土壤富含鐵質，房舍又以泥土混合乾草搭建，全村呈現出一片通紅景象；隨著太陽西下，在這享受最後一刻寧靜，享受視覺上的這片紅，才依依不捨離開。

回到卡尚已經是晚上時間，隔天起了個大早，原本想趁著清晨六點多，到飯店附近老城區逛逛，怎料遇上一段小小插曲。伸手想拉開飯店大門，卻文風不動，仔細觀察發現，大門外頭纏上鐵鍊，還上了鎖；回想這次來到伊朗，由於向當局政府申請拍攝許可，每天總有來自公家機關的人員致電關切，詢問是否順利、如期到達申請拍攝地點或是飯店。該不會是為了確保我們工作人員安全，所以將我們「軟禁」在飯店裡？所幸到了早上七點半，大門終於敞開，讓我們得以扛著早就準備好的器材出發。

卡尚古城，過去保有許多相當具歷史性的古老建築，在經歷了一七七八年的一場

可以放越多水，越是尊貴。

強震，破壞城裡大部分的古建築，其中包括好幾座華麗豪宅；好在目前已重修部分大宅，並對外開放參觀，從這些豪宅裡頭，不難看出當年屋主人，過著怎樣奢華的生活。

除了古宅值得看，有一處皇家御用的「費恩花園」，也值得花點時間去見識。這座花園是由「薩非王朝」的阿巴斯大帝所設計，規模氣派。在二〇一二年入選為聯合國世界文化遺產名錄，是伊朗最古老，也是保存最完整的花園；由於卡尚位於沙漠區，可以想見當時的水資源，遠比現在的石油還要值錢許多。費恩花園裡處處可見水池、噴泉、溝渠，與庭園造景；「水」流動在園林中，不僅有裝飾意義，也充分發揮灌溉植物的實際作用。整體設計是典型的波斯式花園，園林設計理念還夾雜著瑣羅亞斯德教中，水、土、火、風四大元素的象徵意象。在過去的歷史中，費恩花園是王公貴族才能享用的地方，如今開放民眾入內同樂，遊客自然是絡繹不絕。

波斯人對於「天堂」的想像，是藉由花園設計來體現，走趟費恩花園，就像是走進波斯人的想像，一窺天堂模樣。

對於「卡尚」這座古城市的好感，就從「玫瑰香」起了頭，要留下完美結局，當然也少不了玫瑰的滋潤。無意間發現了一間製作玫瑰精油與玫瑰水的小工廠，在瞭解製作過程後，終於讓我圓夢，採購了不少，離開卡尚時，還把其獨有的味道，一併帶走。正如古代商旅，行走來往，總有著物品的交換。這就是絲路的存在價值啊！

Chapter 03

土耳其

歐亞交會處的珍珠，
兀自散發著她的光彩，
絢爛且奪目。

LOCAL
RESTAURANT
CHANGE
&

1 晶瑩剔透的土耳其紅茶。
2 與湯姆一同品味土耳其經典早餐。
3 叫做 Simit 的甜味圈狀芝麻麵包，味道頗淡。

一杯紅茶的幸福

1

想到土耳其，最先浮現眼前的，就是那一杯杯的土耳其紅茶。

對土耳其，總有份特殊情感，甚至說得上情有獨鍾，旅途中更是處處驚喜。先說說對土耳其的第一印象，就是他們的飲茶文化；土耳其人喝起茶來，就像全民運動，一天喝下十幾二十杯紅茶，不算誇張，紅茶似乎已經成為土耳其文化不可或缺的一環。走在土耳其各個城市，隨處可見茶館林立，據說茶館過去是男人專屬的社交場所，工作之餘，習慣聚在茶館，聊是非、議時政。體驗土耳其文化，就從品茶開始，而意料之外的是，這樣的初體驗，讓我深深著迷。

記得第一回試喝土耳其紅茶，是為了節目拍攝需要。當天一早，徒步在伊斯坦堡老城區的巷弄間，尋了一間不起眼，卻挺有味道的茶館，座位簡單擺設店門外，有幾位老先生就端坐著，愜意地喝茶、看報。找好拍攝最佳角度的位置，點了三杯土

KAPI

ECZANE

耳其紅茶後，坐了下來，腦子裡已設想好拍攝時準備分享的開場白，但注意力卻不時被腳邊穿梭的小貓吸引，克制不了的衝動，讓我急著先和這麼優雅的小動物互動一番。不一會兒功夫，店家老闆將紅茶端上桌，撲鼻而來的味道，讓我暫時跳脫貓咪的小小世界，聞得出是紅茶味，但其中夾雜了一股獨特到不行的香氣，卻是我前所未「聞」。

鬱金香形狀的玻璃茶杯，裝盛如紅寶石般色澤的土耳其紅茶，茶杯放置小茶盤中，一旁配置一只小茶匙，以及兩顆方糖。該怎麼喝呢？其實餘光早就觀察老先生們一會兒了，大概知悉一二，由於自己不太喝甜飲，所以將方糖暫時先擱著，端起茶杯，指尖明顯感受到熱度，吹了幾口氣，先啜飲一小口。說也奇怪，紅茶色澤偏深，煮得較為濃郁，但紅茶雖濃，卻不帶一丁點兒澀味。正納悶間，再飲第二口，並從嘴巴輕輕吸入空氣，和著茶，在舌尖打轉，頓時感受茶味，散發出一陣清香與甘甜，一場邂逅後，從此愛上。

愛分享的性格使然，腦袋裡浮現出一段畫面，當我最親愛的家人，喝到我親手烹

1 品味茶香的一刻。
2 鬱金香杯。
3 融入當地人的日常生活。

認識土耳其紅茶

土耳其紅茶的茶葉，呈細碎粉末狀。傳統沖泡方式，是使用特製的雙層茶壺，上層茶壺中裝有茶葉，而下層的茶壺，則是單煮開水；煮滾的開水注入上層裝有茶葉的茶壺，並以小火，加熱下層茶壺中的開水，讓水蒸氣持續溫熱上層茶壺的紅茶。烹煮過程，必須持續加熱、浸泡三十到四十分鐘左右，等茶葉沉澱後，就可以飲用。而在飲用時，也可依照各人喜好，適量加入熱開水稀釋，或適量加入方糖，風味更加道地。

煮的土耳其紅茶，感受異國風情、感受那份用心，肯定感動到痛哭流涕。於是決定買些土耳其紅茶回臺灣送人，或自個兒煮來喝。放眼街上不僅茶館多，賣茶葉的店鋪攤販也不少，隨機進了間鋪子，連續試喝幾杯不同口味的紅茶、蘋果茶；最後挑了品質還算不錯的茶葉，掏錢買了幾袋，帶著滿足的心情離開，心裡同時盤算著，該送給哪些親朋好友？不單單只有茶葉，最後在安塔利亞這座城市，還特地買了一整組鬱金香形狀的玻璃茶杯，雖然不算便宜，但最讓我感到得意的部分，是我同時說服導演和湯姆，掏出錢來各買一組。

回憶起在土耳其的每段旅程中，無論置身哪座城市，一早起床，就是先來杯土耳其紅茶。喝下那杯茶，不僅象徵著一整天拍攝行程的開始，也在各個城市鄉鎮間，找到熟悉的味道，換個角度來說，是一種依戀、一種寄託，也是一種只屬於自己，和這處陌生國度溫存的方式。

這是屬於我的土耳其紅茶，帶我回味屬於我的土耳其。

1 | 2
3

1 經典的茶飲組合。
2 琳瑯滿目的土耳其茶具組，任君選購。
3 對飲，在伊斯坦堡的街角。

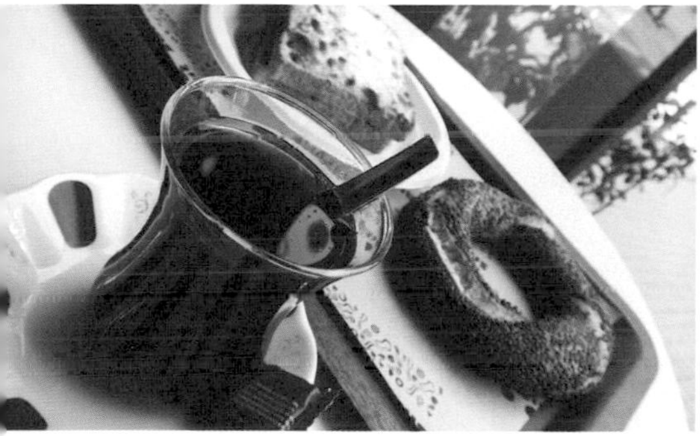

1 藍色清真寺。
2 加拉達橋，懷念的烤魚堡香。
3 伊斯坦堡的街景。

難忘的伊斯坦堡風情 2

在這三年多來的國外旅遊經驗中，土耳其肯定是我最極力推薦前往的度假天堂。談起土耳其的旅程，伊斯坦堡、番紅花城、卡帕多起亞、棉堡、安塔利亞等城市光景，猶如幻燈片般從眼前掠過，像是一場奇幻之旅。

伊斯坦堡帶給我的影響，就是讓我對出國旅遊這檔事，產生截然不同的想像，深切地體驗到，旅行原來也可以如此愜意。

伊斯坦堡橫跨歐亞大陸，城市頗具特色，古蹟建築將現代化都市點綴、妝點出獨特的城市面貌，新舊融合的景觀，沒有任何衝突與違和感。

對伊斯坦堡的眷戀，不僅僅是一杯接著一杯的土耳其紅茶，還有加拉達橋下的美

WC

410

1 穿越二六Ｏ個小窗的光，融入昏黃的藍色清真寺內。
2 航行於伊斯坦堡周邊海域的船隻。
3 聖索菲亞大教堂內的馬賽克壁畫。

食「烤魚堡」。加拉達橋橫跨金角灣河口，連接著新、舊城區，橋身分上下兩層，上層供車輛及行人通過，下層設有幾間海鮮餐廳，讓遊客賞海景、享用海鮮料理。而橋頭馬路邊不少攤販林立，尤其下午時分，更擠滿釣客在橋上釣魚，成了加拉達橋的另一道風景。

橋頭邊上停靠多艘中型船隻，烤魚堡就在船上製作，遊客聞香而來，初次造訪還一度擔心會排隊排到天荒地老；但製作烤魚堡的團隊，個個眼明手快，烤魚的數量與速度，能同時滿足饕客的需求，只要付了錢，就能馬上拿到熱騰騰的烤魚堡。

拿到烤魚堡，先別急著咬下第一口，淋上商家準備好的檸檬汁，味道更佳。烤魚堡的烤魚不只吃得到新鮮，分量、厚度也看得見，絕對物超所值，雖然會忍不住想再來一份，但肚子裡的飽足感也會讓你反覆糾結。

感受伊斯坦堡的美，從藍色清真寺發酵、蔓延，結合了鄂圖曼建築及拜占庭教堂

POR FAVOR
NO PASAR A
ESTA PARTE
TURIST
MAHALLI

IC
XC

1 聖索菲亞大教堂的外觀。
2 觀光客最常買的土耳其小物—邪惡之眼，又稱為藍眼睛。
3 最高處為加拉達塔。

兩個世紀以來的精粹。淡藍色的伊斯蘭建築風格，在陽光輝映下更顯優雅；不遠處還有一座近一千五百年歷史的聖索菲亞大教堂，如今早就改為清真寺，巨大的圓頂外觀，更凸顯建築宏偉、壯觀的氣勢，吸引來往人群的目光，似乎不容藍色清真寺專美於前。經過兩座同樣讓人嘆為觀止的清真寺，不自覺地放慢腳步，廣場上不時從兩座清真寺的方向，傳來拜樓誦唱拜文的歌聲，頗有互別苗頭的意味。

另外，浴場文化也是一項來到土耳其必須嘗試的特殊體驗。要體驗土耳其浴，心裡還挺興奮的，但整個過程卻得一絲不掛，並成為節目播出時的內容，內心當然幾度掙扎。最後鼓起勇氣脫個精光，硬著頭皮只包著一條毛巾上場，算是個人最大尺度。

進入充滿蒸氣的大浴場，先迅速將頭髮、身體洗淨，坐在浴室裡等待了一會兒，就像是進到蒸氣室般的感受著熱氣，流得滿頭大汗；接著一名壯如摔角選手的土耳其大叔登場，手裡套著觸感極像菜瓜布的手套，指著浴場中央石台，要求我平躺上去。身體才剛剛感受到石台上的熱度，土耳其大叔就對著我上下其手，彷彿在每一

寸肌膚，都抹上泡沫，並無情地用菜瓜布手套在身上猛搓。動作看似粗暴，卻是種說不出的享受，皮膚來回搓個幾下，還真有點癢，但越搓越舒適，不一會兒身上出現不少黑垢，這才發現原來自個兒是個髒小孩，挺糗的。

刷了一陣子後，大叔拋下菜瓜布手套，進行全身揉碾按摩，還不時將身體在石台上挪移、翻轉，此刻心情真像待宰羔羊，任人處置。最後大叔提起整桶水，從頭到腳將全身黑垢、肥皂泡沫沖乾淨，並指示跳進一旁冷水池，總算大功告成。老實說剛跳進冷水池，心臟還真負荷不了，實在太冰了，得花點時間重新適應溫度。

從冷水池裡走出來，宛如新生，還一塵不染；腦袋漸漸從混亂中清醒，細想過程，就像浴場裡瀰漫著蒸氣般，霧裡來霧裡去，有點摸不著頭緒，但卻有著說不上來的舒暢，暢快極了。

從清真寺到土耳其浴，也是一趟從內而外，洗滌我身心的旅程。

1	2
3	

1 加拉達塔俯拍老城區
2 從聖索菲亞大教堂看藍色清真寺。
3 耶尼清真寺內虔誠的信徒。

1 綠意盎然的民宿環境。
2 番紅花城全景。
3 裝潢典雅的民宿內。

湛藍天空下的番紅花城 3

半夜從伊斯坦堡上了大巴，宛如揮別舊愛般帶著不捨，歷經七個小時車程，凌晨抵達番紅花城；儘管拖著比行李、器材還要重的疲憊身軀下了車，卻難掩因為來到陌生城鎮的那份新鮮感，所帶來的喜悅。

番紅花城是位於土耳其安納托利亞中部的城鎮，是絲路商貿必經之地，在十七世紀時期，是番紅花的種植及貿易中心；時至十八、十九世紀，因商致富的居民，開始在城鎮中修建豪宅。至今老城區仍遍布當年鄂圖曼時期的建築，並保留完整，在一九九四年被聯合國教科文組織列入世界遺產名錄。

下車聯繫民宿老闆後，在車站內暫歇，等候接送車輛。不一會兒，民宿老闆現身，是位談吐親切、樣貌和藹可親的老先生，我們私底下管他叫老爹。約十分鐘車程來

到下榻民宿，光是看到房子外觀，又是一陣驚呼，因為這可是座兩百五十年歷史的鄂圖曼建築，古色古香。

要進入這間鄂圖曼式老房子，得先經過一道左右開闔式的厚重木門，左右門上設置兩塊銅環，形狀不一，敲門聲響也明顯不同；聲音較為厚重低沉的門環，是男人專用，而聲音相對較為清亮、清脆的，則是女生專用。簡單來說，門環的目的就是要讓屋主，能在第一時間先知道訪客是男是女，畢竟部分如伊斯蘭教的宗教，或民風較保守的國度，男女還是有別，得格外保持距離。

老房子全是木頭建構，採光極佳，讓曬過陽光的老木頭，香味更顯新鮮，散發典雅氣息，倒是個適合閱讀、寫作的環境。來不及仔細參觀，就被熱情的老爹招呼到屋外庭院享用早餐。大夥兒坐在蘋果樹下，享用餐點，也享受著晨光、微風，以及鄉村古樸的氣息，完全沉浸在這種悠閒的氣氛裡。

雅致的番紅花城。

1

2 3

1 阿爾瑪莎的自信魚販。
2 黑海畔。
3 船上靦腆的小男孩。

番紅花城在老建築的襯托下，風情獨具，小街、小巷景觀都格外動人，需放慢腳步，融入古鎮氛圍。尤其是一棟棟古老的鄂圖曼老房子，細微末節處的精采，總吸引著目光，不時駐足。但這趟來到番紅花城，留下最深刻印象的，是在老爹極力建議下臨時決定更改的行程，搭小巴前往緊臨黑海的小鎮「阿爾瑪莎」。

小巴在蜿蜒山路中行進約兩個小時，突然過了一個彎，黑海驀地在眼前出現，當下一聲驚呼。小巴上的乘客都回過頭來看了我一眼，但眼神充滿笑意，沒責怪我嚇了大夥一跳的意思，阿爾瑪莎小鎮就在不遠處。

順著道路走進阿爾瑪莎小鎮，遠遠望去，還看得到像是中世紀古城堡的拱門建築，但目前僅剩北面城牆，還算保留完整。經考證，城堡建於羅馬時期，城牆則是拜占庭帝國時期所留下，過去這裡是黑海商貿重要港口，曾鼎盛一時，但隨著海上絲路熱度退卻，地理位置的重要性不再，卻意外成了土耳其北部的度假勝地。說真的，阿爾瑪莎確實是我們旅程中的意外驚喜。

Ruffles
MAX
BALIKÇILIK

1 這裡其實是阿爾瑪莎的麵包店。
2 阿爾瑪莎職人街中的鐵鋪。
3 阿爾瑪莎古城牆。

既然來到黑海，如果能搭船出港感受一下是最好不過，航行在黑海海面上，究竟什麼感覺？站在船頭吹著海風，眼前黑海的藍，絕不輸尼羅河上游河水的藍，就像近距離注視著藍寶石般，尊貴的寶藍色澤上頭，還閃爍著耀眼奪目的光芒，讓人不自覺把呼吸放緩，捨不得眨眼。

如果說伊斯坦堡算是一場舊愛，讓我忘卻舊愛的新歡，就是番紅花城，但隨即告別新歡，接著迎接土耳其之旅的摯愛—卡帕多起亞。

ZABITA
153

1 卡帕多起亞的奇岩怪石。
2 在當地住的民宿。
3 遠近馳名的洞穴屋。

迷途在卡帕多起亞 4

搭乘夜車的好處，就是能省下一晚住宿費用，也不會浪費掉白天的可拍攝時間。

在番紅花城上了大巴，昏睡不知幾個小時，半夢半醒間來到前往哥樂美的轉運站內佛歇爾，換乘小巴繼續開往卡帕多起亞。車窗外頭奇岩怪石漸多，黃昏時分，一片金黃灑落光禿禿的岩體上，蔚為奇觀。終於趕在太陽下山前一刻抵達，並迅速找到飯店，值得一提的是，入住的飯店是頗具當地獨特民居文化的洞穴屋。

住在洞穴屋，據說是冬暖夏涼，由於來到這裡的季節是夏天，白天天氣熱得很，進到屋裡頭，果然暑意全消。洞穴內部陳設簡單，沒有特別裝飾或設計，卻一應俱全，無從挑剔。住在洞穴裡，也算是人生初體驗，想像自己就如同遠古時代的山頂洞人，還一度想在洞口生團火。

卡帕多起亞是許多遊客來到土耳其的重點，隔天一早，利用早餐時間先請教洞穴屋飯店老闆；老闆大方分享遊客經驗，光是討論行程就花了不少時間，我連續喝下十五杯土耳其紅茶的紀錄，就是在這裡締造的。在洞穴屋外用餐，也是一種享受，邊欣賞奇景，邊品嘗早餐、喝紅茶，直到感覺太陽有點曬，才意識到該出發拍攝了。

此時太陽高掛，沿途沒有遮蔽物，出發僅半小時光景，已經汗流浹背，渾身衣物盡濕，買了一大瓶水後，便穿行在一片奇岩怪石群中。這個地區因為數百萬年前火山爆發，形成波浪狀或香菇狀等奇形怪狀的山谷，在一九八五年更被列為世界文化與自然雙遺產；有人稱卡帕多起亞的地形地貌是最接近月球表面，被譽為世界奇觀，絕對名不虛傳。

先登上山頂遠眺哥樂美這座城鎮，接著探路進山谷，再從山谷走進石林，沿途景觀壯闊到讓人瞠目結舌，感嘆造物者創造出的神奇；尤其還聽說在這麼特殊的地形，有修道院、教堂隱身其中，更令人好奇不已，難以置信，決定要尋找出這些洞穴中的奇蹟。

1 | 2
3

1 怪石宛若上帝的藝術品。
2 我在此締造了喝下十五杯紅茶的紀錄。
3 飯店外觀，頗有度假小屋風情。

感受自己肩負著尋找奇蹟的重任，但看看擔任嚮導的夥伴湯姆，手中只拿著一張簡陋地圖，不禁也擔心會不會迷失方向？湯姆信誓旦旦表示，憑著他與生俱來的方向感，加上洞穴屋老闆花了一整個早上指點迷津，絕對不會有問題。於是按著手中辨不得東西南北的地圖繼續找，不知不覺走了數小時，果真迷路了，大夥兒面面相覷，哭笑不得。

迷路不見得是件壞事，一路上出現的巨大石筍林、仙人煙囪等奇景，讓我們大開眼界。離太陽下山還有一大段時間，況且在卡帕多起亞山谷中，只要能辨別出方向就能走得出去；唯一的問題就是身上所帶的礦泉水早已喝光，一滴不剩，喉嚨乾到不行，舉步維艱。幸好就在這關鍵的存亡之際，發現遠處有一棵結實纍纍的杏桃樹，我們不假思索衝上前，啃杏桃解渴。

七月底正逢杏桃產季，一顆顆澄黃色的杏桃，飽滿誘人，好不容易找到解渴的美麗果實，顧不得杏桃樹是野生、還是農家栽種，就當成是真主阿拉所賜，一連吃了十多顆。補充完水分，體力恢復得差不多，終於遇到幾名路人，在他們好心指引下，趕在太陽下山前回到洞穴屋，還找了間餐廳，好好吃頓晚餐，喝杯冰涼啤酒消消暑、壓壓驚，結束一整天的山谷迷途記。

迷路，有時候也是一種旅行的方式吧。

1 卡帕多起亞街景。
2 難得一窺的洞穴屋內部。

1 飛翔在卡帕多起亞的夢幻。
2 降落後領取證書的榮譽時分。
3 冉冉上升的熱氣球。

離開地球表面的寧靜時刻

5

相信有搭乘熱氣球經驗的朋友都知道，清晨是氣流最穩定的時間，飛行較為安全。不過要換來此刻的驚喜，可得一早四點鐘起床出門；一路上睡眼惺忪，但光是看到工作人員在平地上正準備著熱氣球，不知究竟是因為興奮，還是帶點緊張情緒的關係，倒讓睡意全消。

在卡帕多起亞經營熱氣球的公司很多，視飛行時間與熱氣球大小論價，一個人一小時約一百歐元；感覺不算貴，但換算回臺幣，好像也不怎麼便宜。由於我們選擇的熱氣球不大，僅可同時搭載十二名乘客，熱氣球的籃子裡，除了駕駛人員部分，劃分為四個方形區塊，我和導演、湯姆就擠在一個小小正方形的空間。三個人肚子頂著肚子，感覺挺怪，正想喬個舒適點的姿勢，熱氣球已經離開地球表面。

熱氣球的噴火器，站在旁邊非常熱。

熱氣球攀升過程出奇平穩，駕駛熱氣球的師傅，一方面添加熱氣，一方面藉由風的助力緩緩橫移；原本還擔心自己會不會有些懼高，但看來是多慮了，不過我的夥伴湯姆，神情略顯不自然，身體正對著我，雙手卻環抱一旁籃柱，看來還沒能克服對高度的恐懼。

熱氣球飛行所經區域，就是橫越這片由火山灰和熔岩風化形成，如童話般的自然奇景「玫瑰山谷」，不時還會低空飛躍高聳的「仙人煙囪」，看似即將碰撞山體，卻驚險飛越的過程，總是這些經驗老道的駕駛員們最愛的把戲，往往讓人捏把冷汗。

當熱氣球爬升至最高點，四周景象頓時凝結了一般，萬籟俱寂，靜得讓人感動。而這個時間點彷彿掌握精準，就在天地交接處，略帶墨藍色的雲層裡，透出一道紅光，讓玫瑰山谷原本呈現白色的山體，瞬間染紅，更映襯出山谷撼人心魄的壯觀。不一會兒工夫，雲霞間金光一閃，旭日探頭，才驚覺這就是卡帕多起亞美到讓人醉心的日出奇觀。

此刻沐浴著晨光，享受著高空寧靜，五顏六色的熱氣球，不時從山谷間冒出頭來，也因為熱氣球的襯托，讓寧靜的山谷，呈現出另一種迷人丰采。但接著聽到駕駛員開始動作，夢幻般的時光稍縱即逝，看來得要著陸了。

平安著陸後大夥一陣歡呼，與接駁的工作人員會合，依序下熱氣球，就是想在熱氣球上多待那麼點時間，硬是要撐到最後一刻，才心不甘情不願重回地球懷抱。工作人員也連忙開香檳，讓原本沉浸在高空美景畫面的腦袋，一回過神來，就被遞送至眼前的香檳，驚喜了一番。最後又獲頒證書一張，想必是要證明到此一遊，並和來自世界各國，而且還算是曾同舟共濟的乘客們，拍張團體照，正式結束熱氣球的體驗行程。

搭完熱氣球的感覺，真像是做了場美夢，很希望美夢延續，意猶未盡；一百歐元花得值得嗎？答案是肯定的。因為短短一個小時的高空巡禮，已經在人生經歷中留下深刻、難忘的美好。

Chapter 04

尼泊爾 / 印度

滿天神佛的絢爛之國，
多彩的紗麗與濃醇的茶香，
共築起我們對這裡的印象。

1 觀光客聚集的塔美爾區。
2 拜訪希望小學。
3 塔美爾區裡奮力踩踏的人力車。

穿梭在滿天神佛的加德滿都 1

走出機場，來到一個陌生國度；那一刻，總是懷抱著滿腔期待。記得抵達尼泊爾首都加德滿都時，忍不住深深吸一口氣調適心情，也試著藉由這裡的空氣，讓自己更貼近這片土地。

不過，這樣的嘗試，卻讓我連咳好幾聲。從機場驅車前往位在塔美爾區的飯店，沿途沙塵滿布，每一口呼吸，顯然都要格外小心。交通壅塞、喇叭聲不絕於耳，這景象出乎我意料之外；內心不禁盤算著，在尼泊爾還得待上幾天？當下竟然有了想家的念頭，不過這樣的念頭，只是閃過，瞬間轉換心境，強制進入備戰狀態，提醒自己開始工作。

曾聽朋友分享，想要好好享受一場戀愛，就得先懂得欣賞對方的優點，忽略缺點；

HOTEL TASI DHARGEY INN
SUPERSTAR CARGO
OUTDOOR CLOTHING & GEARS
SUPERSTAR CARGO
ZIBRO RESTAURANT WITH ROOFTOP BAR
Carlsberg
H2O CAFÉ N PUB
H2O CAFE AND PUB
HOTEL SHAILUNG
NEWARI HANDICRAFTS

1 盛裝出席女人節的兒童。
2 後來在大地震中全毀的加德滿都皇宮。
3 豔麗的尼泊爾女人，正準備參加女人節。

這樣的說法，我銘記在心，果然，視覺上的饗宴，讓我忘卻了空氣品質問題。

塔美爾區的夜晚令人驚豔，街道上遊客川流不息，多半是外地來的觀光客與背包客；耳邊不時傳來熟悉的語言，兩岸三地的觀光客絡繹不絕，彷彿來到華人世界。一旁商家林立，賣的盡是當地特色商品，千姿百態的印度教、佛教雕像，造型獨特的廓爾喀軍刀，以及琳瑯滿目的民族風服飾，頓時燃起我逛街的欲望。

「屋有多少，廟就有多少。人有多少，神就有多少。」這是許多遊客，對尼泊爾的第一印象，漫步在加德滿都街道，隨處可見各式各樣的廟宇、神龕，以及敬香的信徒；宗教是尼泊爾人生活的一部分，而且是極為重要的一部分。究竟這個被譽為是「滿天神佛」的國度，有多少神佛？沒有確切答案，不過可以確定的是，在這幾乎天天都有節慶，絕大多數的節慶，都跟神佛有關。

說到節慶，這回碰巧遇上當地一個很特別的日子，這一天，幾乎全尼泊爾的女人

1 加德滿都杜兒巴廣場。
2 皇宮一角。
3 印度教神廟中的林伽。

都盛裝打扮，穿上傳統服飾「紗麗」；在街頭上爭奇鬥豔，並湧進神廟祈福，慶祝屬於她們的節日：女人節。說句實在話，穿梭在女人群中，讓我顯得有些不自在，卻也是人生中很奇妙的初體驗。放眼望去，年輕女子體態輕盈，但只要結了婚，個個略顯福態；原因就在於尼泊爾的男人普遍認為，另一半體態越豐腴，代表婚姻越幸福，所以已婚的女人都會慢慢發福。

許多朋友都曾這樣問我，走過許多地方，哪座城市讓我印象最深刻？或者最推薦去哪個城市旅遊？這樣的問題，確實在心裡頭兜了好幾回。

對我來說，所造訪的每座城市，都擁有各自的故事性、獨特性，世界上沒有任何一個地方能取代；然而出外旅行，不就是要讓自己放空、跳脫原本熟悉的生活圈，重新去體驗、融入不一樣的環境，不僅開眼界，也試著解讀出內心的感受，和陌生的國度，融合、交織出一段美妙的回憶，才算得上是不虛此行。

拐個彎，在尼泊爾的森林探險 2

在每一段的旅程中，我都會試著享受「不同階段」、「有層次」的感受。首先是出發前的期待感，從決定目的地開始，上網、翻閱書籍、尋找資料，計劃著未曾親身經歷的旅程；接著是出發前的倒數計時，一個月、一星期、三天、二十四小時，直到登機的那一刻，那是一種令人雀躍不已的悸動。

邁入展開旅途的階段後，便開始沉浸在按圖索驥的過程，彷彿感覺得到，身體裡的細胞，充斥著冒險基因。在迷路時，不忘對自己與同行友人一笑；順利到達目的地，或找到想嘗鮮、體驗的事物時，成就感油然而生，在那一剎那間，也不禁對自己感到驕傲。享受著初體驗、享受著感官帶給內心的衝擊，也享受著人在異鄉，不再需要在意別人眼光的灑脫自在。

而最後的階段，當然就是整理著旅途中，當下所寫下的隻字片語，或是拍攝、捕

進入奇旺叢林。

捉到的影像照片，細細回味著這段美好精采的經歷，或許也會翻開地圖，尋覓下一段未知的旅程。

在尼泊爾的旅程中，最令我興奮的，除了遠眺喜馬拉雅山，就屬這一刻。搭了數小時的車程，前往奇旺國家公園，雖然搭車過程並不怎麼舒適，但一說到要準備體驗叢林探險，辛苦兩個字早已煙消雲散。先說說「奇旺」兩個字的尼泊爾語義，是「叢林心臟」，這裡曾經是英國、印度的王室和貴族專用的狩獵場。直到一九七三年，為了保護珍貴的野生動植物資源，奇旺國家公園正式成立；有人形容這裡，就像是尚未遭受破壞的綠寶石，同時也是世界上罕見的獨角犀牛與孟加拉虎的棲息地。

進入叢林的交通工具，不是吉普車，而是大象。其實坐在大象上的感覺，並不是太舒服的，晃，而且是不規則地持續晃動，但對於時常得長途搭乘交通工具的我來說，倒還能適應。說到乘坐大象的經驗，已不是第一次，之前在泰國就曾經試過，但是在奇旺的體驗，卻是截然不同；因為在這裡，大象穿梭在原始叢林中，走得很

1 搖搖晃晃地騎大象。
2 難得一見的獨角犀牛。
3 準備幫大象洗澡。

隨興，還不時停下腳步，拔起樹葉吃。甚至一度像喝醉酒似，擦撞了一棵大樹，樹葉、樹枝全拍打在身上，來不及思索痛或不痛，樹上紅螞蟻就已經爬滿全身，只得驚慌失措忙著拍落螞蟻；因為每隻螞蟻都有近兩公分大小，不僅看起來凶狠，還真的被咬了幾個包，背上、腿上、手背上不時有刺痛感。不過在驚慌之際，象伕就有了發現，要大夥放低音量，只見大象鑽出叢林，來到一片池塘，遠方出現的居然是獨角犀牛。說真的，這麼近距離接近獨角犀牛，跟在動物園裡頭看犀牛，是完全不同的感動；眼前一對犀牛母子，悠閒地踩在池塘裡，享用水草，此情此景就像在侏羅紀公園裡看到恐龍的感動一樣，每個人都直呼太幸運了。看看這片豐富的生態景觀，也難怪這裡在一九八四年，就被聯合國教科文組織，列入世界自然文化遺產保護。

其實在奇旺國家公園的玩法，就是要體驗過去少數民族塔魯族人，在生活中的交通工具，與大象互動、叢林探險、徒步、生態觀察等等，而接下來安排的行程，就是與大象互動的另一種體驗，到大象浴場幫大象洗洗澡，刷刷身子。

在炎熱的太陽底下，跟大象玩玩水，既涼快又有趣。幫大象洗完澡，緊接著乘坐

當地傳統的獨木舟，坐在窄到不行的獨木舟中，難免讓人感到不安，不僅沒救生衣可穿，一條小船還擠了十二個人；光是伸手撥個頭髮，船身就會微微傾斜，讓船上一干人等，連喘氣都得小心翼翼。獨木舟緩緩行駛河面，不一會兒，嚮導就發現鱷魚的蹤跡，讓大夥著實興奮了一下，不安的情緒隨著遙望鱷魚出現而消失，看了兩隻鱷魚後，大家都看出門道，無不緊盯著水面上端詳，希望自己也能有所發現。

獨木舟航行約莫三十分鐘，便停靠岸邊，大夥逐一下船，開始在叢林徒步，而這個部分，可是奇旺國家公園裡，最具挑戰性的活動之一。在叢林徒步，路況時好時壞，加上奇旺當地酷熱的天氣，走個五分鐘就汗流浹背，整個過程，唯一的要領，就是緊跟隊伍、不落單，在專業嚮導的帶領下，近距離觀察、發現叢林中最自然的生態景觀。走在這麼具有野性的原始叢林中，只要仔細觀察，不時可以看見野生動物的蹤跡，可謂是處處驚喜，只要一發現動物，就足以讓大夥高興好一陣子，我想這就是森林神奇的療癒能量，不過走到這裡時，也代表著在奇旺的叢林探訪旅程，告一段落。

1 | 2
3

1 幫大象洗澡是難忘的體驗。
2 奇旺叢林中的河面。
3 泛著獨木舟，卻焦慮著沒有救生衣！

在加爾各答體驗旅行的種種心情 3

旅行的過程中，感受心情上的轉折，多半耐人尋味。

拍攝節目多半都有既定行程，時而天外飛來一筆，便是一趟意外的冒險；每次出國行程短則半月光景，長則幾乎一個月時間，在各個陌生國度、城市間奔走。出國的興奮感，往往是抵達國內機場時最深刻，甚至有股衝動想昭告天下；而上飛機前一刻，致電給親愛的家人時，不捨之情蔓延。上了飛機，考驗才真正開始；尤其是長途飛行，最折騰人。

初次來到北印度城市加爾各答，飛行過程累壞我們，抵達時間已經是半夜，推著行李快步走出機場，街道燈光略顯昏暗，一輛輛等待載客的黃色計程車就停放外頭，車款顯示出車齡，少說有幾十年歷史，堪稱骨董級。數十名司機的目光全聚在我們

1 晚上搭計程車看到的景象。
2 用燒炭來燙衣服。
3 傳統市場中的肉販。

1
2 3

1 從英國殖民時期留下來的古老軌道電車。
2 市場中與我們對望的小男孩。
3 傳統市場中的魚販。

身上，眼神不僅上下打量，也透露出對你的渴望；同時數名個頭嬌小的幼童，直奔了過來，爭相幫你提行李，雖然蓬頭垢面、衣衫襤褸，卻掩飾不住熱情，親切至極。由於行李中有貴重器材，不想假他人之手，但幼童們仍不放棄，手硬是要擱在行李上頭，代表出著一分力，這樣的堅持讓我莫名感動；但腦子一轉，心想不太對勁，正要上車，果然幼童們全向我伸手。

給不給錢？我猶豫了片刻，但老經驗的黃導斷然拒絕，要司機馬上啟程前往飯店，我回頭看了幾眼，幼童們的表情似乎不再和顏悅色，反倒是投以憎惡的眼神，老實說，當下心裡頭還有點受傷呢。其實走過不少國家城市，觀光客越多的地方，伸手要錢的幼童，比例越高，觀光客少的地方則反之，似乎反應出部分乞討的習慣，是被觀光客養成。

在前往下榻旅館的路上，司機大哥簡單和我們聊了幾句，但話鋒一轉，切入他想表達的重點，就是要坐地起價；但只能說很可惜，遇到了錙銖必較的黃導，馬上給

Berger
প্রিয়পুজো
২০১৩
করবে রাজ
করবে judge!
হবে celebrity
া ফাটাফাটি
ফোন করুন
Toll free
1800 200 4199
login করুন
www.bergerpriyopujo.com

他兩條路選擇，開往目的地或返回機場。司機自知踢到鐵板，一路上沉默許多，就這樣沿途問路、找路，到達飯店。

飯店坐落於貧民區，下了車，不僅街道更顯昏暗，一旁遊民或坐或躺，空氣瀰漫著一股屎尿味兒，不想在外頭多佇足片刻，拉著行李就往飯店裡竄；不過飯店狀況可想而知，老房子肯定很有「味道」。但心想，這一夜有地方落腳，就算不錯了，看看時間凌晨三點多，先睡上一覺再說吧。

刺鼻的怪味兒，讓我在腦袋一陣疑惑中驚醒。躺在充滿霉味的床上，回想起前一夜甫抵達加爾各答，自嘲著惡夢還沒結束；休息一晚後精神好了許多，起身請旅館人員準備早餐，同時梳洗一番。飯店雖然味道怪了些，但早餐吃起來仍津津有味，兩片吐司搭配一顆煎蛋，有印度奶茶和咖啡可供選擇，簡單而滿足。和團員們討論行程，看著難懂的地圖後，決定先出發再說。

同樣也是從英國殖民時期留下來的計程車。

旅行過程當中，保持著興奮感，肯定是主持人所必須具備的，但內心可真得不斷調適。到了每個國家必須讓自己盡快地進入狀況，催眠自己成為當地人，融入當地風俗民情；這時會選擇在街上繞一繞，或到傳統市場逛上一圈，嘗嘗道地小吃，刻意放慢腳步，試著和當地人攀談兩句。突然也體悟到，來到一處陌生的環境，之所以會有那麼點不確定感，或有種不安的情緒，全在於對於當下環境的不熟悉。難道不是嗎？

大吉嶺下的茶鄉秘境

4

南絲路，這條從四川成都經雲南通往古代身毒國的通商古道；其目的地，也就是古代的身毒國，便是現今的印度。一路上令我印象深刻的前幾名城市，大吉嶺肯定在列。記得當時從西里古里火車站，搭乘吉普車，在瀰漫著雲霧的山中，穿行三小時，抵達一處山中秘境—馬凱貝瑞。

馬凱貝瑞是座山城，產茶為主；甫上山，輕易感受到空氣清新度很不一般，撲鼻而來的氣味，不再參雜著屎尿味，而是雨後泥土自然散發出的一股青草味，很難想像我們仍置身印度，心情頓時輕鬆許多。

下車第一件事，就是先安頓好住宿。晚上住的地方，是當地志工站安排好的民宿，我們迅速熟練地將行李裝備放置下榻的民宿房間；由於地勢高、濕氣重，氣溫偏低，

1 | 2
3

1 雲霧間，看見馬凱貝瑞的茶園。
2 高山上的足球賽。
3 大夥兒一同在民宿前合影。

1 茶農辛勤工作的身影。
2、3製茶中。

當時穿著七分褲、短袖上衣，略感寒意。突然聽到敲門聲，一開房門，只見民宿女主人面帶微笑，貼心遞上三杯熱茶，這杯茶不僅讓我們暖身，也讓我感受到當地人的貼心與細心；這入口的茶香味，也讓愛茶成癡的我，對馬凱貝瑞的茶充滿好奇，因為這口茶喝起來還真順口。

馬凱貝瑞是位於大吉嶺下的一個茶鄉，村子裡的居民大多是在茶園、茶廠工作，而大吉嶺的茶文化，相傳最早是在十九世紀中葉，由英國人從中國引進茶苗，在當地成功種植，並培育出獨特的紅茶品種，從此蓬勃發展，聞名世界。而馬凱貝瑞的茶，讓我感興趣的，除了價格，就屬採有機種植的栽種方式。

登高處遠眺，每座山頭、山坡盡是茶園林立，走在茶園中，雙手輕撫著茶樹，雖說是有機栽種，卻沒有一般有機肥料的臭味；反倒因為茶園老闆利用一套獨特的共生原理，栽種數種具有防蟲功用的植物，散發出多種特殊香氣。當自己踩在種植茶樹的土地上，彷彿富有彈性一般，低頭仔細一瞧，原來在土地上頭，還密密麻麻覆

1 紀錄，用手摘下每一片茶的心意。
2 挑揀出品質最好的茶葉。
3 馬凱貝瑞自傲的茶葉。

蓋著多層不知名的植物，藉此保留住土壤中的水分，免受陽光直射蒸發。

當茶園老闆說起這套栽種茶樹的共生原理，神情滿是驕傲，但話鋒一轉，指著遠處其他山坡上的茶園，忍不住感嘆表示，許多茶農根本不懂得要做好水土保持。言談間流露出對於自然環境的憐愛之情，讓我不禁佩服這位馬凱貝瑞的大家長，做起生意還挺有自己的原則。

而談起有機栽種的馬凱貝瑞紅茶，味道究竟如何？老闆不吝分享，利用一頓下午茶時間，連泡五、六款不同烘焙程度的茶，讓我們一一品嘗，香氣、韻味別有一番風味；就這樣開心地和老闆閒聊了一會兒喝茶經驗，離開前也不忘在茶廠，掏錢選購了幾斤茶葉，完全顧不得行李可能超重的疑慮。

那時，我帶著茶葉離開了馬凱貝瑞，也帶著難忘的美好回臺。

1 窗外即是美好的大吉嶺。
2 軌道旁，可以看見當地居民的日常。
3 搭乘玩具小火車。

5 登大吉嶺一窺喜馬拉雅山的壯闊

雖然在馬凱貝瑞僅僅住了兩個晚上，但能感覺到自己已完全融入茶鄉的簡單生活；原本不太愛喝茶的夥伴，也入境隨俗地喝茶喝出習慣。對於即將告別這座迷人的小山鎮，有著幾分不捨。仔細想想，旅行的過程中，移動間的心情就是如此微妙，總在不捨與期待間，不斷拉扯。

上了吉普車，不捨的心情也沒能持續太久，約一小時的車程，來到位於卡尚的車站，也就是前往大吉嶺的火車轉運站；我們預計在這頭搭上玩具小火車，直接登上大吉嶺，這條登山鐵道可大有來頭，甚至被列入世界遺產保護。搭乘高山小火車的經驗，對我來說並不是頭一回，過去在臺灣阿里山，也曾經有過這麼一趟驚奇之旅，但上了車廂還是難掩興奮之情，和導演、夥伴連忙拍照留念、錄了幾段開心的串場，接著沿途賞景、談天、休息，輕鬆愜意。就這樣在山路中行駛了四個多小時，抵達

大吉嶺鎮時，已是入夜時分。

由於事先在網路上預定好要入住的民宿，下了火車還得摸黑尋找民宿所在，在和民宿主人通過電話後，依照指示路線，拉著沉重行李過了幾條街，走了幾段陡坡，就在大夥即將體力不堪負荷之際，剛好走到民宿門口。由於這間民宿的價格親切，自然不會去計較設施齊不齊全、方不方便等問題，只求一夜好眠；但話說回來，當初之所以會選擇這間民宿，就是因為這裡號稱只要推開窗，就能遠眺喜馬拉雅山。

喜馬拉雅山對許多喜愛登山的山友來說，她的意義猶如穆斯林對麥加的崇敬，一輩子至少要登上一回。在我的記憶裡，是在地理課課堂上，對喜馬拉雅山有了初步的認識，當下內心的嚮往，就宛如在歷史課本中，初識絲路一般，有著不少憧憬。

推開窗，眼前一片雲海，雲海後方矗立著海拔近四千公尺高的高山，定睛仔細再瞧，高山的後頭，兩倍高的高度，兀立著一道雪山，這就是我們此行，來到大吉嶺此行最大的感動，看見喜馬拉雅山。

最重要的目的，感受喜馬拉雅山的震撼。

大吉嶺的早晨，空氣中飄散著一股藏香味，沒有噪雜的喇叭聲、沒有喧鬧的人潮，只有穿著制服趕著上學的年輕學生們。光是在民宿窗邊欣賞美景，自然是無法感到滿足，吃過早餐後，便決定花點時間，在山城中穿街走巷，希望能尋得一處賞山的最佳位置。

喜馬拉雅山就坐落眼前，對當地人來說，或許是件理所當然的事，但對我來說，這一刻的感動，值得掉下淚，更值得用一杯咖啡的時間細細品味。

1 | 2
3

1 暮色中的喜馬拉雅山。
2 小火車走過市場也走過他們的生活。
3 錫金遠眺喜馬拉雅山。

在印度找尋中國鐵鍋

6

絲路的旅途中，總想像自己是名偵探，從線索中抽絲剝繭，找尋和絲路有關的蛛絲馬跡。往往只因為當地人的一句話，或是一篇報導，就決定花上大半天，甚至幾天的時間，前往陌生的地點追尋、探究；也因此時常碰得一鼻子灰，無功而返，當下只得自嘲這才是冒險的精神。

記得有一回，在南印度的城市庫米利，無意間搜尋到一篇報導，寫著南印城市科蘭，有著明朝時期，藉由海上絲路傳入的「中國鐵鍋」存在。腦袋彷彿閃過一道靈光，當晚開會決定前往一探究竟，但這篇報導不但沒註明是在科蘭哪個地方，只說在科蘭古老香料市集中的雜貨鋪發現，加上沒附上中國鐵鍋的圖片，這趟大冒險稱得上是海底撈針。

貿貿然的決定，換來一整天的車程，在晚間抵達科蘭，大部分商店都已打烊，只

旅途中，難得的愜意。

能先尋得落腳處；隔天一大早起床，先問過飯店人員有沒有聽過中國鐵鍋，但答案卻令人失望。飯店人員只說隔了幾條街外，有中國人開的店，可以去碰碰運氣；由於沒有確切地點，只好頂著大熱天步行前往，終於找到幾間中國人開的五金賣場，詢問店員卻問不出任何中國鐵鍋的相關訊息。

我們一行人正躊躇著該不該放棄，說句實在話，當你在旅途中面對決定的關鍵時刻，都是一種煎熬。對節目製作團隊來說，站在製作成本的考量，當然得盡量避免脫稿演出；對我來說，放棄不能成為一種習慣，它代表著退縮、絕望，有股使命感促使我就是得莫忘初衷，達成當初設定好的目標。討論過後，大夥決定先訂好下午前往科欽的車票，再把握最後約四小時空檔，穿梭大街小巷，來個地毯式搜索。

真的只差手上沒拿著放大鏡來找，只要看到商店，就是一間間找，遇到人就是一個個開口問，沿途走了十幾公里路，不僅體力耗得差不多，看看手錶，時間也耗掉大半，再不折返就怕趕不上大巴；當下決定再問個兩三家店，就差不多得回頭。

進到第二家店前，賣的也是五金貨，但店外頭的地上，擱著一個生鏽的大鐵鍋，看起來就像餐廳裡傳統的炒菜鍋。這個鍋子讓我眼睛為之一亮，進到店裡頭劈頭就問問店裡的幾位老人家，這鍋子可是「中國鐵鍋」？眼神中還帶有幾分得意；但看著幾位老人家搖著頭，心裡頓時涼了半截，熱心的老大爺們七嘴八舌，似乎正說明著大鐵鍋的用途。大爺們的這番解說，我自然沒心情多費精神翻譯，但正當帶著失落感踏出店外時，其中一位老大爺，手中端著另一個鐵鍋，他說，這才是「中國鐵鍋」。

頗具戲劇化的轉折，讓我一度懷疑是老大爺們，編了個善意謊言來安慰我們，但經過大爺一番解說，還能說得出這「中國鐵鍋」，藉由海路流傳到印度的一段歷史，讓我們不得不相信，這就是我們要尋找的「中國鐵鍋」。這一刻，我們很滿意地相信，我們找到了。

絲路，果然不只是歷史名詞，至今仍在人們的生活中！

1 長得很像，但其實不是中國鐵鍋的普通鍋子。
2 逢店必問，用耐心走訪。
3 終於找到了！頭頂上的就是真正的中國鐵鍋。

在絲路找「茶」，樂此不疲

絲路，算是個概括的稱謂。

這條被譽為歷史上最輝煌的路，曾經作為通商、軍事等用途，以通商角度來說，換個商品，除了「絲綢之路」，有人稱它為「玉石之路」，甚至也可以是「茶葉之路」。

從商品切入，確實可以明顯感受到，東西文化相互影響的證明；就先從「茶文化」說起，走在絲路上，愛喝茶的我，老是帶有幾分私心，沿途找「茶」。像是到了中國東南沿海城市，找鐵觀音、大紅袍；到了印度，找大吉嶺紅茶，也找道地、正宗的印度拉茶；到了伊朗，找伊朗紅茶；到土耳其，也不忘和土耳其紅茶來場邂逅。

喝茶，是從小跟著父親培養出的習慣，早上泡茶喝，晚上也泡茶，時常被朋友形

印度街頭，熱情的奶茶鋪老闆。

容，就像是上了年紀的人一般；我當然不以為意，還樂此不疲，對我來說，「可一日無肉，卻不可一日無茶」。對茶，就是有種筆墨難書的情愫在，甚至出國拍攝節目，也不忘帶上茶葉和簡易的泡茶工具。結束一日工作後，在飯店泡茶和夥伴分享，是最輕鬆、愜意的一刻。而在旅途中看到茶，更帶點興奮之情，忍不住想嘗上幾口，不僅嘗茶味兒，也品嘗當地茶文化的氛圍。

這裡談談讓我印象深刻，一試成主顧的印度拉茶。

走在南印度的街道上，遠遠望見不起眼的拉茶店，一位印度老先生，專注拉著手上的茶；嗅得到隨熱氣散發出陣陣的奶茶香，走近一瞧，裝著熱騰騰拉茶的杯子，嚴格來說並不講究，甚至看得出杯子在清洗過程中，應該是挺隨興的。雖然曾一度抗拒帶甜味的飲品，卻抗拒不了老先生的招牌笑容，和他專注製作拉茶的神情；姑且不論這杯茶好不好喝、衛不衛生，但至少肯定「誠意十足」。

頂著三十八度高溫喝下熱茶的瞬間，果然比傳聞、想像的甜度，還要甜上幾分；帶有熱度的甜味，甜到像是被突如其來的熱情，緊緊包縛住，壓迫到喘不過氣來。但激情過後，卻在心頭留下一絲淡淡的幸福，那是種會被輕易懷念、想念的味道。既然是種讓人會想念的味道，在南印清奈的每個早晨，我們幾乎天天登門造訪，至少喝上一兩杯，老先生遠遠看到我們一行人，以笑容打過招呼，二話不說，先拉六杯拉茶等著我們取用，彷彿就像和老顧客般的默契。

這一刻，他的笑容顯得更加燦爛，還帶點驕傲：因為他知道他的拉茶，不僅征服我們的味蕾，也征服了我們的心。

絲路，這條商留之路，交易的可能是絲綢或者是茶葉。而如今，我們交換著彼此的微笑，在喝茶的時刻。

Chapter 05

馬來西亞／南非

從泉州出發的海絲文化，
乘著船，搖搖晃晃，
晃進鄭和的步伐之後。

1 匠心獨具的鑄鐵畫。
2 喬治市壁畫。
3 姓氏橋。

檳城角落尋華人移民足跡 1

檳榔嶼，簡稱檳城、檳島，是馬來西亞西北部的一座島嶼，也是馬來西亞第四大島；說到「檳榔嶼」這個地理名詞，最早出現在明代永樂年間的《鄭和航海圖》，跟海上絲綢之路，有著密不可分的關聯性，也是中華文化得以在海外延續發揚的地方。

喬治市是馬來西亞檳城州的首府，同時也是一座文化底蘊非常濃厚的城市，在二〇〇八年七月七日，和麻六甲一起被登錄到世界文化遺產名錄。對喬治市這個老城的第一印象，挺複雜、難以具體形容，但直覺告訴我，將很快地愛上這個地方。

來到檳城的第一件事，選擇前往位於老城區的「觀音亭」拜個碼頭。觀音亭，原名廣福宮，始建於一八〇〇年，佇立在老街上已超過兩世紀，是檳城最古老的廟宇

The street is named after Kapitan Chung Keng Kwee who generously donated his house to the Municipality for vehicular access ensuring that his name lives on for posterity.
AH QUEE STREET, CORE ZONE, GEORGE TOWN WORLD HERITAGE SITE ©
AH QUEE?
AH KWEE?
AH KOOI?
AH KUI?

虔誠一拜在觀音廟。

之一，前後殿都供奉著觀世音菩薩，是早期華人移民的信仰紮根地。進到觀音亭，很自然地依照習俗，雙掌合十祈福，對著觀世音菩薩喃喃自語地說了一番話，感覺就像在臺灣，進到廟宇參拜一般，相當熟悉。

出外景或旅行前的前置作業，當然沒荒廢，甚至可以說是做足功課，所以對於喬治市也有初步的認識；日前也曾受邀到檳城，歷經三天兩夜的演講行程，這回算是第二次造訪。此時心裡惦記的，是喬治市街道中一幅幅隨處可見的精采壁畫。

數年前一位立陶宛畫家厄尼斯特來到檳城，在喬治市世界遺產區的老屋外牆上，畫了幾幅壁畫後，讓喬治市的街頭藝術開始蓬勃發展，掀起一股壁畫創作風潮，許多當地畫家也群起仿效，在世遺區作起畫。

一幅幅的壁畫，不僅讓喬治市的老屋添加一些色彩，引起許多遊客的興趣，前去朝聖，每一幅壁畫前，幾乎無時不刻都人滿為患。也因為部分壁畫，清楚記錄、描繪、

1 | 2
3

1、2姓氏橋日常。
3我和逗趣的壁畫。

勾勒出當地的生活面貌，讓許多原本與這片土地脫節的年輕人，重新熟悉並愛上檳城這塊土地。

除了最具代表性的壁畫之外，以幽默的口吻，訴說著老街歷史的「鑄鐵畫」，也同樣受到矚目。遊客不遠千里而來，除了瞻仰世界文化遺產的手采外，就是想看看藝術家們在街頭巷尾，究竟留下什麼樣的精采印記？

與華人移民有關的，還有檳城的姓氏橋，這是華人在檳城最早的聚集處。這裡的房屋都是搭建在海上，底部用一根根木樁支撐著，而村裡的街道，也是用木樁支撐，並以木板鋪成橋梁。橋上看起來只有一條主要幹道，但在走道旁還有很多岔路；清一色的木質棧板，和搭建在棧道兩側的海上屋，整體看起來還保有濃厚的古早味。重點是，老房子裡都還住著人家，在這兒生活了好幾代。一進入姓氏橋，仿若與世隔絕，算是鬧市中的一點靜。

坐在姓氏橋的後陽台。

目前姓氏橋也被列入世界遺產範圍，其中規模最大的是「姓周橋」，大約有六十戶人家；姓氏橋還有個特色，就是橋頭一間廟，橋尾一間廟，但是橋頭橋尾所供奉的神明，卻不是同一尊。就姓周橋來說，橋頭供奉的是保生大帝，橋尾供奉的是玄天上帝，而隔壁的姓陳橋拜的則是媽祖。每座姓氏橋都有屬於自己的廟宇，供奉著從祖籍地，所帶來的信仰。

仔細觀察海上木屋，不僅橋面與平台下方有使用到部分水泥柱，在各家各戶劃定範圍所建造的木屋下方，也運用水泥柱承載重量，整體結構還算穩固，而最吸引我的部分，當屬屋子尾端的後陽台。

坐在後陽台的棧板上，海風透過棧板間細縫竄出，舒適涼爽，呼吸著略帶鹹味的空氣，感覺愜意。遙想當年的姓氏橋，曾經繁華也曾經沒落，直到申遺成功後，近幾年又再度熱鬧，遊客絡繹不絕。相信從小在橋上長大的居民，經歷這樣的過程，都能娓娓道出一段只屬於這裡的感人記憶。

散步檳城嚐美食

2

升旗山是來到檳城，不容錯過的旅遊景點，海拔八百多公尺，景色怡人，還能清楚觀賞到檳城的城市樣貌。

要登上升旗山，有兩種方式，第一就是以徒步攀爬，第二則是搭纜車。說到升旗山的登山纜車，早在一九二三年就開始營運，過去是為了方便英國人上山避暑，特別修建。而將近百年歷史的登山纜車，如今已汰換到了第三代車廂，登上山頂的時間，僅僅需要四分鐘。

升旗山名字的由來，挺耐人尋味。據說在英國殖民時期，英國高官來到檳城後，對於炎熱的天氣難以適應，於是就將官邸建在山上以避暑。住在山上的達官顯貴，需要衛兵的保護，但當時大多數的衛兵，全駐守在山下或港口，為了和山上衛兵互

升旗山上瞭望檳城市區。

通有無、傳遞消息，於是就以「升旗」、「打旗號」的方式來溝通，而這座山，就被命名為「升旗山」。

原本上升旗山期待看到檳城全景，但放眼望去，盡是霧濛濛一片。問了當地朋友才知道，原來這段期間恰巧遇上印尼當地正火燒森林，煙霧全都飄到檳城，導致霾害嚴重。只得說服自己，在旅行過程中，時而有所期待、有所驚喜，但偶爾也會有點小小遺憾，雖然可惜，但或許這也是為了下回再訪檳城，先埋下一顆種子。

檳城，向來有馬來西亞美食之都的美譽，檳城的美食究竟有多好吃？曾有旅人這樣形容：「來到檳城，得準備一顆堅強的胃，才能裝得下所有值得品嚐的在地美味。」

先說說一道名為「叻沙」的平價美食，檳城人管它叫「LAKSA」。在當地朋友介紹下，來到一間賣叻沙的人氣名店，生意好到在旁邊排隊等位子，就等了三十多分鐘，眼睛看著老闆和員工忙進忙出，雙手從沒停過。

其實在馬來西亞各地，都吃得到叻沙，但檳城叻沙，擁有在地獨特的味道，還被稱為「酸叻沙」。看看這道叻沙的製作方式，先抓一團很像粗米粉的「叻沙條」到碗中，並依序加入洋蔥、菜、辣椒，淋上濃稠的魚湯，最後上頭再加上顏色較黑的蝦膏。端上桌，經過均勻攪拌，就能開始品嘗。

究竟這碗檳城叻沙，好不好吃？吃不吃得慣？回想起來，口味真的很複雜，有點酸、帶點辣，湯頭濃，蝦味重，還帶點寮國臭魚醬的味道，最特別的是，吃完後還會回甘。

檳城是個很有味道的城市，空氣中不時夾帶著一股味兒，不過這樣的味道挺特別的，雖然它夠臭，卻有很多人都搶著要。那就是號稱「果王之王」的榴槤，而且檳城的榴槤品種多樣，跟臺灣一般看到的泰國榴槤很不一樣。

上升旗山的列車軌道。

1
2 3

1 檳城的叻沙名店，唇齒留香。
2 感謝馬來西亞好朋友帶我們來到這間水果攤。
3 讓我想重返檳城的，榴槤。

說起榴槤，那是我孩提時期的噩夢，記得有一回，家母冷不防塞了一塊榴槤在我嘴裡，當下被榴槤味嚇得驚慌失措；還沒來得及咀嚼就趕緊吐掉，一連刷了三、四次牙，味道怎麼樣都去不掉。

來到一攤看似不起眼，但榴槤堆成堆的水果攤，心裡雖然百般掙扎，但仍請榴槤攤老闆，幫忙挑上一顆上等榴槤。老闆大方分享挑選榴槤的訣竅，表示挑選榴槤時不能怕刺手，先抱起榴槤搖一搖，有聲音就表示果肉與殼已經分離，代表夠熟；而果肉表面看似老人臉上皺紋，就肯定算得上是極品。在老闆老經驗的挑選下，果然一剖開，就是他口中的「老人面」極品榴槤。

我選擇的榴槤品種，稱之為「青皮」，果殼呈青色，果肉呈金黃色，屬中等體積，飄散出的味道，我可不敢恭維；但因應節目拍攝需要，同時「愛槤一族」的導演在旁鼓勵，當下鼓足勇氣，挑了塊不算小的榴槤果肉，放進口中，咬下我人生中的第二口。

PASAR AIR ITAM
亞依淡巴剎
叻沙
营业时间
BUSINESS HOUR
11:15am - 7:30pm
SE-MANGKUK
每碗
RM4.00
AIR ITAM LAKSA

面對榴槤散發出的味道，我只能偷偷閉氣應對，但說也奇怪，咬下第一口時，一股從未接觸過的氣味，從唇齒間散發，這是一股香氣，讓人不自覺想更進一步地感受。於是多咀嚼了幾口，這才恍然大悟，原來真正的香味、甜味，就隱藏在臭味背後，得咬下這麼一口才能領會，這才是榴槤真正的魅力所在。

現在如果問我，檳城榴槤嘗起來如何？我只能說，如果想找幾個重遊檳城的理由，到檳城大啖榴槤，絕對會是理由之一。

熱帶氣候的檳城，隨處可見的，當然還有也深受我們歡迎的冷飲攤。與臺灣的手搖飲料店不同的是，馬來西亞的冷飲攤通常是街邊一個小攤位，放上壓克力箱，裡面裝上冰塊與飲料，即可變身拯救我們乾渴喉嚨的綠洲。這畫面，反倒讓我有種回到過去老臺灣的感覺。

飲料的選擇，除了有臺灣也看得到的楊桃汁、酸梅湯，更有檳城的道地土產豆蔻

品質最好的榴槤，應該是「老人面」。

汁、龍眼羅漢果；古早味的，還有使用鹽與冰製作的簡單冰棒，口味方面，更是滿滿夏季氣息，不是榴槤，是臺灣人也很熟悉的夏季味道－荔枝。

冰棒與冷飲，都帶著懷舊的味道。融合了當地特有的盛夏氛圍與熱帶水果，吃一口，沁涼舒爽，讓旅人的心與口，都極度地滿足。

擁抱開普敦最美的藍天

3

這次，我們遠渡重洋，來到非洲大陸的最南端；也就是海上絲綢之路，在運送貨物往歐洲時，一個可能的休憩點－南非。

經過二十多個小時的長途飛行，來到南非。這裡有山、有海、有溫暖陽光，也有乾淨的街道，開普敦還有「全世界最美麗城市」的稱號；平坦的公路和沿途遼闊的視野，從機場到下榻的民宿，雖然短短二十分鐘車程，就足以暫拋長途飛行所帶來的倦怠。

南非，被稱為彩虹之國，不僅擁有豐富的自然景觀與歷史文化，在這裡還可以看到各色人種，努力排除曾經根深蒂固的種族隔離思想，一起生活在這塊土地和平共存，從他們身上散發出的光芒，就像是一道美麗的彩虹。

1 桌山的樣貌。
2 冒著生命危險拍攝中。
3 桌山當地也可攀岩，聚集許多熱愛挑戰的外國人。

1 拍攝空檔放空中。
2 準備上桌山的纜車站前大排長龍。
3 桌山的陡峭。

開普敦是一座環山而建的城市，這座山名為「桌山」，只要視野沒有被其他建築物遮蔽，在開普敦任何角落，都能清楚看到這座山。然而特別的名字，當然其來有自，桌山不高，卻名列世界七大自然奇景之一，原因在於其獨特的外形，桌山的山頂如桌面般平坦，像用刀削平過，因此得名，還被喻為「上帝的餐桌」。

凡是來過開普敦的朋友一定都知道，登上桌山可以從各種角度，鳥瞰開普敦的全景；而且山上的生態十分豐富，常能讓人有意想不到的驚喜，受歡迎的程度，每天都吸引不少遊客，把山頭擠得水洩不通。要登上桌山最快的方法，就是搭乘纜車，桌山的登山纜車行之有年，已超過八十年的歷史，想搭乘得先排隊購票。

為拍攝之便，得盡可能避開人潮，於是趕在天還沒亮就出門，原本還因為早出門的決定而沾沾自喜，幻想將成為當天登桌山的第一人。沒想到還沒抵達登山纜車入口，纜車站前早已排滿了準備上山的遊客，看了這般景象，還真令人沮喪。為了不延誤拍攝進度，只好擇期再來。不過這回也學到經驗，前一天晚上先在網路上購票。

反正出國拍攝外景，根本不在意睡眠時間長短，大不了隔天再提早兩小時，半夜就來排隊。

桌山的登山纜車一次能搭載約四十到六十人，由於事先訂好票，加上抵達時間早，雖然不是排在前十名，但很快就上了第一班纜車，約莫八分鐘，還來不及多拍幾張照，就到達山頂。從山下往山頂看，平坦如刀削，上山後卻完全看不出餐桌的感覺，還幾度懷疑是不是登上了隔壁山頭？但話說回來，山上地勢起伏程度，與一般山頂相較，確實明顯緩和許多。

桌山上豐富的生態，對遊客來說，有難以抗拒的吸引力，岩壁上有種毛茸茸、圓滾滾的小動物，不時出現眼前，這小可愛像極了兔子，卻有著幾分土撥鼠的表情神韻，這討人喜愛的小動物叫岩兔。只要天氣好，就能看到岩兔竄動岩壁邊，有時一動也不動地癱在岩石上，享受溫暖陽光，有時也會好奇地接近遊客。由於當局對生態保育十分重視，對岩兔非常友善，常能看到遊客與不怕生的岩兔，近距離接觸的

毛茸茸的岩兔。

1 彷彿微笑著的岩兔。
2 開普敦市區都可以看到桌山。
3 在纜車上看開普敦。

有趣畫面；不過一旁告示牌上也不忘提醒遊客，別一時興起，拿東西隨意餵食，因為這可不是正確的保育觀念。

從山頂向下鳥瞰，親眼印證了開普敦，的確是環繞著桌山而建的一座城市，時而雲霧繚繞，時而撥雲見日，捉摸不定的變化，為這個絕世奇景，蒙上了一層神秘面紗。但不變的是，開普敦的藍天，藍得令人心碎，久久不能自己。這讓我想到一句話，「曾經滄海難為水，除卻巫山不是雲」，見識過開普敦的藍天後，當自己在世界各地抬頭望向天空時，期待的，卻是陰天的美，因為我曾見識過最美的藍天，就在開普敦。

南非當偵探 找找鄭和村

4

千里迢迢來到南非，當然是「師出有名」，我們依循著海上絲路的路線來此。相傳在非洲有個「鄭和村」，但究竟位在非洲哪個沿海城市?眾說紛紜。

雖然背負著使命而來，但開普敦彷彿具有魅惑人心的魔力，就是讓人離不開這座迷人的城市；提起要尋找鄭和村的任務時，總和團隊成員，很有默契地秉持著「既來之，則安之」的消極態度面對。

其實，南非是個民族的大熔爐，來自世界各地不同的人種，一起生活在這片土地。我們先來到開普敦的「馬來區」，早期來到開普敦的馬來人，都在此聚居，第一印象只能用「色彩繽紛」四個字來形容，每間屋子都漆上單一色澤，但顏色卻是一間比一間鮮豔，一棟比一棟顯眼；放眼望去如彩虹般絢麗，但任誰也想不到，如彩虹般的美麗外表下，覆蓋的卻是一段任誰都不想再經歷的往事。

南非過去實行種族隔離政策，將居住在這塊土地的人，簡單劃分為白人、黑人，以及雜色人種；其中黑人與雜色人種地位不高，沒有居住上的絕對自由，必須住在當局規劃出的特定區域，馬來區就屬過去雜色人種的居住範圍。由於當時的法律還規定，雜色人種不得設立門牌號碼，為了方便區別自家的居住範圍，於是在屋子外觀上，各自漆上單一顏色，以方便辨識。如今種族隔離政策已經廢除，但對於許多曾經歷過這樣不平等階段的民眾來說，傷口一時之間恐怕難以痊癒，可能還需要再多一點點時間。

在馬來區拍攝的同時，遇上一位雙手環抱相機腳架的外國女性遊客，看起來神情略帶緊張。她走向我們並好心提醒，千萬不要單獨往巷子裡去，因為她才剛經歷一場噩夢，身上的相機、背包全被搶了。聽到這樣的消息讓大夥繃緊神經，我也急急忙忙將相機收起，背包拉緊，就在緊張氣氛中，迅速完成馬來區拍攝工作。回想起臺商朋友曾經叮嚀我們，千萬要注意開普敦的治安，才知道那番勸導，不是隨口開開玩笑。

1 帶著一段悲慘歷史的彩虹屋。
2 開普敦的朝天宮。
3 應節目拍攝需要，會擺出許多不可思議的姿勢。

此外，由於開普敦是臺灣遠洋漁船的重要補給基地，船員中不少人都信奉媽祖，加上當地僑胞也希望能有個精神寄託，在二〇〇一年，由僑胞共同出資，將北港朝天宮的分靈媽祖請到開普敦，並籌建媽祖廟。為了讓南非當地民眾，能接受這個外來的媽祖文化，廟方經常不定期舉辦活動，敦親睦鄰，幫助需要幫助的人，充分展現華人的人情味。

這回來到南非，也聯繫當地僑胞以及臺商朋友，舉辦一場小型的同鄉聚會，親眼見證這場算得上是「現代絲路」的文化交流，感受這股海外的臺灣味。也藉由這個機會，打聽有關鄭和村的消息。至於鄭和到底有沒有到過南非？各路學者看法不一，南非到底有沒有鄭和村，一路探訪，也得到了幾種不同的答案。

這些答案各自不同，各有各的說法與緣由，遺憾的是，我們無法確實找到真有鄭和村存在的證據。然而，在那個時代，中國或各地商人搭乘船隻，浩浩蕩蕩來到南非，繼續往更遠之處邁進的故事，應該是真的。這就是我們踏上海上絲綢之旅的理由，不是嗎？

護國佑民

1 黑人區中的貧民區。
2 和毛導（左）難得的合照。
3 緊張中拍下的黑人區街道。

勇闖熱情奔放的黑人區 5

在亞洲旅遊台《發現大絲路》節目的拍攝過程中，我們造訪過許多城市，卻很少遇到像在南非的狀況；連是否要前往拍攝，都躊躇不前、反覆思索。

對於是否前往「黑人區」的顧慮，不只是從網路上所看到的負面新聞，或正逢選舉過後猜想可能產生的連環火爆效應，主要原因還是當地僑胞的建議，他們來到南非已超過幾十年，對開普敦相當熟悉，卻沒進過黑人區，也不曾考慮過要到黑人區。但黑人區確實可以看到開普敦完全不同的面貌，在前往目的地的路上，不斷反覆思考，還沒來不及理出頭緒，就已進到黑人區，抵達事先安排入住的民宿。

下了車，民宿老闆娘親切迎接，是一位笑容可掬的黑人大媽，簡單握手寒暄後，便領著我們進房休息；室內燈光柔和，簡單的家具、牆上帶有非洲風的畫作，完美

黑人區夜景。

融入這個不算大的空間中。桌上還擺放民宿主人的家人照片，環境感覺溫暖，套句老話來說，就是讓人有回到家的感覺。

簡單放置行李後，不一會兒就要展開黑人區探險之旅，原本心裡頭還是擔心著治安問題，但民宿方面也派人跟著，還保證不會有安全上的疑慮；只不過也強烈建議我們，天黑前一定要回到民宿，既然有熟門熟路的當地朋友帶路，肯定不會有問題，讓我放心多了。

距離民宿不到一公里，有家當地非常知名的烤肉店，這間烤肉店十分特別，賣的不只是烤肉，還兼賣氣氛和情緒：有一種讓你走進去，就想放鬆的氣氛，和一種讓你一聽到音樂，就想隨之搖擺的情緒。

下午三點不到，這家店就完全開啟了「夜店模式」，烤肉店裡沒有豪華尊貴的裝潢，沒有華麗花俏的燈光、音響，放眼望去也沒有特別醒目的型男美女，但烤肉店

1 | 2
3

1、2、3
在黑人區的經驗十分特別，我們既緊張著是否發生意外，卻又感受到當地民眾的活力。從這些孩子臉上的笑容，我們暫時忘了現實的種種。

裡的每個人，卻都放得很開，就連平常不隨便手舞足蹈的我，也跟著音樂擺動起來。

店裡頭沒有規劃舞池區塊，大家全都在座位邊上扭腰擺臀，和當地人熱情搖擺了一杯飲料的時間，突然意識到烤肉怎麼還沒送到？結果一問之下才發現，根本還沒點餐，當下真是挺糗的。

究竟哪一種肉是草原小野豬？哪一種是彎角大羚羊？在冰櫃中大塊大塊的肉，除了顏色深淺不一，沒貼上標籤，我們完全分不出來，於是每種都叫了一點，準備大快朵頤一番，享受來自非洲大草原的味道。

一大盤熱騰騰的烤肉送上桌，遠遠聞起來香味四溢，但拿在手上想聞個仔細，卻聞不出不同肉品的差別；每塊肉的大小都跟臉差不多，得努力嚼，才好不容易啃完一整塊，卻也搞不清楚吃下肚的究竟是什麼肉？只覺得好飽、有點膩。

1 | 2
3

1 分不清肉種的烤肉。
2 和民宿老闆娘合照。
3 裝飾著非洲風情的民宿內。

大口吃肉，痛快喝酒，跟著大夥一起搖擺，氣氛熱鬧，也充分感受到當地人的熱情，但這畢竟不是我所喜歡的放鬆方式。趁著太陽下山前，先離開這個吵雜的環境，到河邊走走，卻意外遇上一群小朋友正踢著球。

平常有運動習慣的我，常以身手矯健自居，沒想到上場沒幾分鐘，跑得氣喘吁吁，或許是剛剛吃撐了，又喝了點啤酒。但秉持著運動家精神，繼續奮戰到底，雖然精神可佳，但踢球動作卻不專業，一不小心，還狠狠踢了小朋友一下，痛得小朋友跪地哀嚎，太投入的結果，就是拿了一張黃牌，趕緊蹲在小朋友身邊，好好懺悔道歉。小朋友非常勇敢，含著淚說沒事，看了真令人揪心。

因為民宿老闆娘嚴肅告誡，晚上絕不能出門，只好乖乖待在房間，拉上窗簾躺在床上，耳邊不時傳來街道上熱鬧喧嘩聲，相信黑人區也是越夜越美麗，但這層美麗的面紗，可不適合我這外地人輕易揭開。

對鏡頭好奇的少女。

其實進到這個區域，儘管當地人生活的環境條件並不理想，但住在這裡的黑人朋友，卻有著與生俱來、極富感染力的熱情，只需你一個大大的笑容，就能輕易感受得到，直來直往的性格與溝通方式，或許就是消弭種族隔閡，拉近人與人之間距離的最佳途徑。

黑人區真的危險嗎？我反覆問著自己。原本擔心會出現在社會版面上的新聞事件，都沒有發生；是因為幸運？還是原本就不如外界想像可怕，只是以偏概全的一場誤會呢？

鄭和走過的好望角 6

南非，可以合法擁有槍枝，開普敦城區中心就有幾間槍枝專賣店，想進到裡頭還得透過一道會自動上鎖的鐵門，在槍枝專賣店人員確認登門者身分後，才准許進入。專賣店一樓牆上以及櫥櫃中，陳列展示的槍枝不下百種，狙擊槍、步槍、手槍，各類槍枝一應俱全。

負責解說介紹的是一位名叫艾迪的槍枝專欄作家，別看他是位上了年紀的白鬍子大叔，操作起槍枝的動作，俐落、迅速、專業。還幫我上了一堂課，內容講述的就是槍枝的使用技巧，和相關的射擊安全知識，這時才恍然大悟，原來地下室就是靶場所在，緊接著就是要讓我實彈射擊。

進入靶場前，用槍教練不厭其煩地一再確認每位試射者，是否都能掌握用槍要領。

1 | 2
3

1 帥氣開槍的背影。
2 在臺灣不可能看到的販售商品。
3 射擊場內。

槍枝專賣店的外觀。

接著依序穿上防彈背心，戴上透明護目鏡，配掛上耳罩。進靶場後，眼前除了手槍外，還安排射擊AK47步槍，和破壞力強大的霰彈槍，經過教練一番講解，終於開始實彈射擊。

曾服過兵役，持槍射擊難不倒我，拿起槍操作可說是得心應手，但一切還是得依循射擊教練的指示，「一個口令、一個動作」，填裝子彈、開保險，瞄準後扣下板機。感覺子彈射擊出的剎那間，手臂、肩窩所承受的那股後座力，極具震撼，當下就是暢快，尤其在試射那管霰彈槍時，教練還特別指導，表示遇到危急狀況，如果學會另一套填裝子彈的方式，將更有效率。

或許是喪屍電影看多了，將靶紙當成喪屍，在刻意營造的緊張氣氛下射擊，別懷疑，我的射擊成果還算不錯，彈無虛發，都準確擊中目標，連教練都豎起大拇指。正當打完全部子彈後，仍意猶未盡，又向教練追加幾發子彈，教練似乎也玩得不亦樂乎，同意再來幾輪，畢竟這也算是挺難得的經驗，好好享受著射擊的快感。

通過層層驗證，方能進入槍枝專賣店。

實彈射擊和「絲路」主題本身並沒有太大關聯性，純粹是來到南非的特殊體驗；不過循著「鄭和下西洋」的路線來到南非，有兩處很具代表性的地點，讓我最為期待，其中一處就是非洲大陸的最南端「厄加勒斯角」，另一處就是大名鼎鼎的「好望角」。

相信許多人都有這樣的疑惑，認為非洲大陸的最南端，就是好望角，但實則不然，厄加勒斯角才是非洲大陸的最南端。厄加勒斯角在葡萄牙語中，意指「羅盤磁針」，之所以用這個名字來命名，據說是因為船隻只要航行到非洲大陸最南端的這個海角時，羅盤上的磁針就會指向正北方，因為這個地區的「磁北極」與「地理北極」，方向一致。

非洲大陸最南端位置，有一塊幾乎和人一般高度的石碑，就叫「厄加勒斯角石碑」，石碑下緣標註經緯線的地理位置，而石基上左邊，寫著「印度洋」，右邊註明「大西洋」。當我爬上厄加勒斯角石碑的同時，也代表著此刻，就站在非洲大陸

1 2 3

1 好望角附近，同樣波濤洶湧的崖邊。
2 非洲最南端。
3 前往好望角的路上。

的最南端，並同時擁抱著印度洋和大西洋。石碑上的我，時而凝視前方，時而拍照、發呆，突然間意識到，這趟海上絲路，從亞洲走到非洲，從北半球跨過南半球，真的走得好遠、好遠。

同樣滿懷著興奮期待的心情，終於抵達距離厄加勒斯角約一百四十七公里的好望角。由於好望角已經規劃成較大型的景區，想鳥瞰完整的好望角，還必須先耐住性子，從停車場走到纜車站，排隊搭乘一段登山纜車到高處，才能尋得最佳賞景點。搭上纜車後，心情頗為複雜，顯得有點坐立難安，腦袋不斷浮現出幾個問題，「當自己第一眼看到好望角，會是怎樣的心情？有著什麼反應？」這才深切體會到，原來「期待的過程也是一種享受」。

上了制高點，趕緊取出旅遊書，希望能在最短時間內，從圖片中辨識出輪廓，並明確指出好望角坐落的方向。終於在一個不經意的轉彎處，發現這處我憧憬已久的好望角。

INDIAN OCEAN
ATLANTIC OCEAN

1 右邊突出處即是好望角。
2 分別望向印度洋與大西洋，突然覺得好偉大。
3 波浪中的好望角。

站在崖壁邊上眺望好望角，從地形外觀上觀察，比起厄加勒斯角更為險峻，陣陣強勁的海風吹拂，身體被吹得東倒西歪，不聽使喚，不自覺將重心放低，挨近一旁矮石牆，很怕一個不留神，墜進這片看似不平靜的好望角海域；加上海浪持續拍打石崖，所發出的巨大聲響，每一擊都來得突然，讓人有那麼點膽顫心驚。

「第一眼看到好望角，會是怎樣的心情？有著什麼反應？」仔細思考後，原來好望角帶給我的感受，是一場震撼，是一幕驚心動魄，卻也夾雜著一份圓夢的感動。

愛上野性非洲的致命吸引力 7

這趟到南非，除了找尋海上絲路的文化遺跡，也撥冗到了郊外，一圓看看獵豹的夢想。

秋天的開普敦，陰晴不定，陰雨綿綿的惱人天氣一路伴隨，卻絲毫不減此趟出遊興致；因為要前往的地方很特別，有機會近距離接觸到平時在動物頻道中，最希望、最喜愛看到的動物－獵豹。

獵豹是地表上奔跑速度最快的動物，當牠火力全開在草原上奔馳，比起人類世界紀錄的百米冠軍，還要快上四倍。但由於獵豹棲息地屢遭破壞，數量遽減；目前全球總數約一萬頭，已被列為瀕臨絕種的動物。

眾人簇擁著大明星—獵豹。

從事獵豹的保育和繁殖，是南非這間獵豹保育中心最主要的工作，並透過開放參觀，推廣獵豹保育觀念。由於抵達時間較早，碰巧趕上餵食時間。園區裡的獵豹，三餐皆以雞肉和牛肉為主食，為了不讓獵豹因為爭食而產生衝突，同時確保每頭獵豹都能吃到該有的分量，保育員採取分開餵食方式。見到生平最喜歡的動物，在我身邊大口吃肉，難掩興奮之情，甚至有股想觸摸牠們的衝動，似乎忘了獵豹也算是致命而危險的猛獸。

將這股衝動，有意無意地說給身邊夥伴聽，其實是希望能讓保育員聽見，試探是否有機會，破例讓我能更接近心目中最優雅、最美麗的動物。老實說，原本不抱太大希望，沒想到保育員順從我內心的渴望，爽快讓這股衝動美夢成真。

由於獵豹是很敏感的動物，不僅反應快、警覺性高，尤其察覺到有陌生人刻意接近時，常因為緊張出現不安的反應，這點倒是和家中飼養的貓咪挺相像的。為了保障安全，園方特別安排了兩頭十個月大的小獵豹登場，並派出資深、經驗較豐富的

雲影下的西索鎮。

保育員，在一旁安撫獵豹，直到獵豹適應周圍環境後，在管理員的指導下，先確實做完消毒工作，再讓我慢慢接近。獵豹對於我的接近，看似沒有任何反應，實則偏過頭來悄悄打量我一番，保育員持續撫摸牠的背，讓牠安心，這時才點頭示意我，伸出手去觸碰牠。

黑色實心圓形斑點，點綴在淺金色的毛髮上，體態動作，從容優雅，從眼角延伸至嘴邊的黑色條紋，是獵豹有別於其他貓科動物最顯著的特徵。掌心和毛皮間輕觸，柔軟中帶有溫暖，感受獵豹每一口呼吸起伏，隱約感覺到隱藏在牠體內那股蓄勢待發的爆發力。

撫摸了一會兒，這頭大貓再次側過頭來，就這麼四目交會，不知是感受到手掌所傳達出對牠的憐愛之情？還是嫌我摸得太入迷，讓牠有被吃豆腐的不舒服感覺？猶豫間不禁縮手，結束一分半鐘的親密接觸。

跟我們打招呼的企鵝。

愛護動物的我，只要夠靠近，就會忍不住逗逗牠、摸摸牠；逗過貓狗，摸過牛羊，甚至刷過大象身體，但這回和動物互動的經驗真的很不一樣。因為貼近的是一頭獵豹，不單單刺激，還有著絕對致命的吸引力。這樣的記憶不僅深刻，恐怕也不會再有第二次接觸的機會。

離開保育中心，腦袋還溫存著和獵豹第一次接觸的畫面，滿足的情緒打從心裡興奮著，但南非帶給我的驚喜還不僅如此。忘了搭多久的車，抵達一處美麗的濱海小鎮西蒙鎮，在這裡又將拜訪一群令大人小孩都瘋狂的小動物－企鵝。可愛逗趣的長相，呆萌的走路方式，哪怕只是看一眼，就會讓人產生深刻的印象。

在西蒙鎮附近有個企鵝保護區，海灘上生活著一大群企鵝，這裡的企鵝屬南非特有種，叫做「南非企鵝」，個頭雖小，叫聲特別宏亮、獨特，像極了驢叫聲，所以又被稱為「叫驢企鵝」。有機會來到這，可要豎起耳朵，集中注意力，聽聽這不可思議的叫聲。

1 貌似在沉思的企鵝。
2 姿態各異的企鵝群。
3 好像要躲進石堆的企鵝。

由於企鵝是一夫一妻制，生了小企鵝後，還會有默契地輪流照顧，輪班覓食，習性十分規律，為了更深入瞭解企鵝習性，保護區裡的專家，還突發奇想，幫企鵝設置了許多如瓦斯桶形狀的臨時屋；神奇的是，可愛的企鵝似乎欣然接受這番美意，平時就會進到裡頭遮風避雨，甚至繁衍後代，成了一幅有趣的畫面。

有機會和獵豹與企鵝，這類只能在動物頻道看到的珍貴動物近距離接觸，是這趟旅程給我、不可多得的禮物。

土耳其的聖母瑪利亞小屋。

信仰的感動時刻

走在絲路上許多國家，常被當地人問到，你信仰什麼宗教？伊斯蘭教？天主教？佛教？印度教？耆那教？還是祆教？說句實在話，我全都信。依個人愚見，宗教一點都不科學，無法量化，許多宗教典故、神蹟，聽起來似乎都有點不太合邏輯，少了些真實性，讓人有距離感；但往往就在某個瞬間，時常會不經意地被觸動了內心的某條弦，足以讓自己融入，並深刻地被感動。但究竟是什麼感動了自己？是單純相信？還是專注地與你所選擇的信仰，來了一場心靈上的交流？

在土耳其塞爾柱小鎮附近山區，參訪了每年平均有超過百萬人次到此朝聖的「聖母瑪利亞小屋」；在相傳是聖母瑪利亞安度晚年的小屋中，感受這處聖地的魔力，

1 | 2
3

1. 尼泊爾的活女神。
2. 印度菩提迦耶，據為佛陀悟道的菩提樹下。
3. 聖母瑪利亞小屋外的聖母像。

由於是石造建築，甫進小屋有種冷冽的氣息，但這股氣息並非陰森，而是在空氣中增添了幾分聖潔。小屋空間不大，循著動線一步步緩行；雖然屋子裡同時擠進整排遊客、信徒，少說有數十人，但卻安靜到只聽得見腳步聲，不規則的腳步聲，聽得出走得有那麼點小心翼翼；屋內陳設簡單，僅供奉著聖母瑪利亞像，一旁放置一根根未點燃的白蠟燭，出小屋時，遊客、信徒都會手拿一根，在屋外點起火，固定於燭台上，誠心祈禱。

在尼泊爾加德滿都，見識到印度教已然成為當地人生活中的一部分，在這滿天神佛的國度，信眾走到哪、拜到哪，拜得自然，也拜得虔誠；在尼泊爾待了二十多天，不禁也跟著拜起了濕婆神的林迦，拜著象頭神甘尼許，還拜見了印度教的活女神。不僅印度教的神話故事，聽得津津有味，拜印度教的神祇，著實也拜出心得，甚至回程時，還帶了尊象頭神，回家用自己的方式供奉。

到了印度，跟著佛陀與唐代玄奘大師的足跡，走進佛教聖地那蘭陀、靈鷲山，以

側拍尼泊爾活女神，好像真的有肅穆的感覺。

及菩提迦耶，參與了一場佛教文化饗宴，親眼見證佛陀悟道、講經所在，更一探唐玄奘當年取經之地；身處如此場景，一幕幕重要的佛教傳承歷史，雖然只在腦海裡一掠而過，卻彷彿親身經歷般的刻骨銘心。

無論是進到了伊斯蘭教的清真寺、天主教教堂、佛教寺廟、印度教神廟等，總是能輕易地，被不同的信仰氛圍所包圍，信仰就像是一層層的保鮮膜，將人緊緊包覆、纏繞，頓時與世隔絕，或許當下聽不見上帝的感召、聽不見佛陀開釋、聽不見阿拉的呼喚，但卻能清楚聽見自己的聲音，那是一種能安撫情緒的一段對話，讓內心達到平和境界，同時宛如注入了一股能獲得重生的力量，感受信仰就是如此美妙。

品味地球 KTH2021

發現大絲路──小主播廖科溢的大冒險

作　者─廖科溢
主　編─李宜芬
責任編輯─楊佩穎
圖片提供─蘇彥彰、張書維、亞洲旅遊台、亞洲衛星電視股份有限公司
校　對─廖科溢、楊佩穎、楊荏喻
美術設計─蕭旭芳
執行企劃─張燕宜
企劃助理─石瑷寧

總編輯─余宜芳
董事長─趙政岷
出版者─時報文化出版企業股份有限公司
（一〇八〇一九）台北市和平西路三段二四〇號四樓
發行專線─（〇二）二三〇六－六八四二
讀者服務專線─〇八〇〇－二三一－七〇五、（〇二）二三〇四－七一〇三
讀者服務傳真─（〇二）二三〇四－六八五八
郵撥─一九三四－四七二四時報文化出版公司
信箱─一〇八九九臺北華江橋郵局第九九信箱
時報悅讀網─www.readingtimes.com.tw
法律顧問─理律法律事務所　陳長文律師、李念祖律師
印　刷─華展印刷有限公司
初版一刷─二〇一五年七月二十四日
初版三刷─二〇二一年九月十七日
定　價─新臺幣三六〇元

時報文化出版公司成立於一九七五年，並於一九九九年股票上櫃公開發行，
於二〇〇八年脫離中時集團非屬旺中，以「尊重智慧與創意的文化事業」為信念。

發現大絲路 - 小主播廖科溢的大冒險 /
廖科溢著 . -- 初版 . -- 臺北市 : 時報文化 , 2015.07
面；　公分 . -- (品味地球 ; KTH2021)
ISBN 978-957-13-6305-9(平裝)
1. 遊記 2. 絲路
690　　104010110

ISBN 978-957-13-6305-9
Printed in Taiwan.